心が強い人のシンプルな法則

ゼロから
立ち上がれる人は、
何をしているのか

BE
STRONG

権藤優希
Yuki Gondo

きずな出版

Prologue

心は折れていい。大事なのは、その先だ

「強靭なメンタルさえあれば、仕事や人間関係で悩むこともないのに……」

そのように思ったこと、ありませんか？

「自分は心が弱いから」

「学級委員や部活のキャプテンもやったことないし、リーダーシップもないから」

「営業でもないし、話すのも苦手だから」

いろいろと言い訳はあるのでしょう。

はっきり言います。

最初から強靭なメンタルを持っている人など、世の中にいません。

もっと言えば、この本を読んだからといって、今後あなたの心が折れなくなることもありません。むしろ、これからもたくさん心を折ってください。

時代の流れは急速に変化しています。

いまはＳＮＳやオンラインサロンに代表されるように、コミュニティが重要視される時代です。多様な人間関係に向き合うことが必須の現代社会で、心が折れないことなんか期待しても、まったくの無駄です。

それよりも大事なことは、あなたが「折れかけた心を回復させる方法」を知っているかどうかです。

本書では、心が強い人がどうやってメンタルを回復させているのか、ゼロから何度も立ち上がれる人は何をしているのか、その方法や考え方や習慣を紹介していきます。

ひとつの出来事に対して凹《へこ》んだままでいられるほど、世の中はあまくはありません。

私は、**「凹んでいて銀行口座にお金が振り込まれるなら、ずっと凹んでおけ」**と、ビジネスのメンターに言われたことがあります。

そう、行動でしか現実世界はよくならないのです。

行動すると、心が折れます。しかし、それは大歓迎なことなのです。あなたも、どんどん心を折りましょう。それは行動している証です。生きている証なのです。

冒頭に、強靭なメンタルを持っている人なんかいないと述べました。

もし、あなたのまわりに強靭なメンタルを持つ人がいるとしたら、それは折れかけたところから回復した回数が多い人です。

人間は不完全です。行動していて、心が折れないことなんかありません。ですので、大事なことは、折れそうになったときに回復させる方法を知っているかどうかなのです。

◎メンタルは努力しだいで、どうにでも強くなる

あらためまして、権藤優希と申します。

２０１８年10月に、『自分で決める。』という著書を上梓し、本書が2作目となります。

おかげさまで前作は、たくさんの方にご愛読いただきました。この場を借りて心から感謝申し上げます。

自分で意思決定していく、そのスピードにこだわることを前作では述べてきました。そこで読者のみなさまから、「意思決定の大切さはわかりました。でも、決断には強いメンタルが必要だと思います。権藤さんは、そのためにどうやって心を鍛えてきたのですか？」という質問が多かったことから、この『心が強い人のシンプルな法則』を執筆するに至りました。

そんな私ですが、いまでも毎日、何回も心を折っています。

しかし、１００回折れても、必ず１００回復活しています。

〝折れては復活〟を繰り返しているので、「経験値＋復活できた自信」がついてきます。

なので、私のメンタルは現在進行形で進化しているのです。

昔はまったく違いました。

高校時代、野球部に所属していたのですが、自分のタイムリーエラーで大事な試合に負けたことがあります。ショートを守っていた私は、平凡なゴロを見事なまでにトンネルしてしまったのです。

そこから私の高校時代は、なんだかチグハグでした。

エラーのイメージを強烈に引きずったまま3年間プレーしてしまい、コンスタントにエラーし続けました。本当にチームに迷惑をかけたと思います。

そして、守備中の不安のメンタルが解消できないままバッターボックスに立つことを繰り返した結果、得意だったバッティングも不振続きになりました。

2年生のときは豪快なバッティングに定評があったのですが、3年生の最後になると、そのバッティングもうまくいかなくなり、打順を8番に下げられたこともあります。

私がメンタル回復法を覚えたのは、25歳を過ぎて、起業したあとです。

本論で後述しますが、メンタルを鍛えに鍛えた結果、1日45件の商談をこなし、営業の事業で業界内世界2位の成績を出すまでになりました。

でも、起業までの25年間は、精神的にもろいタイプでした。

そんな私だから、はっきり言えます。

努力でメンタルは強くなります。

本書では、仕事や人間関係で心が折れかけている……そんなあなたに役立つスキルと考え方を紹介していきます。メンタルが回復すれば、行動のブレーキが外れ、あなたに新しいチャンスがたくさん舞い込んできます。


さあ、強い心を手に入れる準備はできましたか？

それではスタートです。

Chapter 1

強靭なメンタルなんて、存在しない

Contents

Chapter 2 心が折れやすい人、折れにくい人

Chapter 3 強い自分をつくる「セルフコントロール」

Chapter 4 ゼロから何度でも立ち上がるための特効薬

Contents

Chapter 5 メンタルレベルを保つ「シンプル」かつ「普遍」の習慣

Last
Chapter

人生を飛躍させる「不屈」の精神

心が強い人のシンプルな法則

――ゼロから立ち上がれる人は、何をしているのか

Chapter 1

強靭な
メンタルなんて、

存在しない

多くの人が誤解している、心が強い人の秘密をご紹介します。

大切なのは「心が折れないこと」ではなく、「折れてから回復するまでのスピード」だったのです。

どんな成功者でも、心は折れる

「職場に、どうしても好きになれない人がいる」

「とにかく合わないし、発言がいちいち気に触る」

「なんであんな奴が、私より評価が高いのか」

「見えないところで会社や上司の文句をよく言っているくせに。お調子者め」

「……そんなこと考えている自分が情けない」

「あーストレス。あいつのせいで、どんどんやる気がなくなっていく」

「今日はなんて言われるのだろう」

「あれは完全にパワハラだ」

「仕事のダメ出しならまだいいけど、人格まで否定してくるから精神的につらい」

「とにかくすごい圧のプレッシャーだから、いつもテンパっちゃうんだよな」

「本来の自分の半分も、あの上司の前では表現できていないな」

「私って、メンタル弱いんだな。本当に使えない。こんな自分が嫌だ」


これは、会社員時代の私の心の声です。

表面的には明るく、ひょうひょうと振る舞っていました。

しかし、いつも人間関係でたくさんのストレスを抱え、心が折れかけながら仕事していたことを思い出します。

私レベルの人間が言うのもおかしいかもしれませんが、はっきり言います。

どんなに立派な成功者や自己啓発専門の講演家であっても、人間関係において、心が折れることはあります。ストレスも抱えています。

「悩みの9割は人間関係によるもの」ともいわれる時代です。

リーダーシップ、組織形成論、経営マネジメントなど、知識があって正解は知っていても、さらにそれを人に教えることができたとしても、いざ自分が人間関係のパーフェクトマスターかというと、決してそうではありません。

世の中、いろいろな人がいます。

イチローだって、木村拓哉だって、1000人中1000人が「素晴らしい人物だ」と評価するかというと、意見が分かれるはずです。

全員にYESと言わせることは、不可能なのです。

なぜなら、さまざまな種類の考え方をする人がいるからです。

だから、この世から人間関係の悩みがなくなることなんかありません。

ということは、一生懸命仕事をしている以上、心が折れる経験やストレスがたまる経験をするのは当たり前なのです。

人は死ぬまで人間関係で悩みます。人は死ぬまで人間関係の修行をします。

「人間関係を完璧にマスターした」という日は、来ないのです。

人間関係に終わりはありません。

心を強くするコツ 01

「人間関係の悩みがなくなる日は来ない」と知る

完璧になれなくていい。でも、完璧に近づくように努力はし続けるんだ私はいつも講演会で、「**他人や環境のせいにしない。自分が源《みなもと》だ**」とメッセージを伝えます。しかし、日常ですべてを100%、他人のせいにせず生きられているのかというと、まったく違います。

・スタッフが失敗したときに、問い詰めたくなる
・急いでいるときに、タクシーの運転手にイライラをぶつける
・操作がわからず、オペレーターに電話する際、つい強い口調になる

など、嫌な人間なところもたくさんあります。

日本の某有名高級ホテルで長年働いている友人がいるのですが、そのホテルのレベルになると、偉そうなお客さんは一人もいないそうです。
一泊最低10万円～が当たり前で、世界的なVIPやハリウッドスターなどが来日した際によく宿泊するそうですが、とにかくホテルスタッフへのおもてなしや配慮、言葉遣いが

素晴らしく、いつも心に余裕があるとのこと。

あるとき、超大物ハリウッドスターの接客をしていた女性スタッフが、あまりにも緊張して、要望に対してうまく対応できていなかったシーンがあったそうです。見かねた上司がすぐに接客を代わろうとしたそうですが、その大物ハリウッドスターは、

「いまは彼女と話しているから大丈夫。伝え方が悪くてごめんね」

と、さらに優しい口調でゆっくりと、その女性スタッフと会話したそうです。

これは本当にすごいと思いました。

「話が通じないから、上司に代われ」と言うこともできたでしょう。事実、怒られても仕方がないくらいの対応になってしまったそうです。

でも、もしここで怒ってしまったら、その女性スタッフの自己価値を下げてしまうことになり、自信を失うことになってしまうかもしれない。

そこまで考えて、その女性スタッフとの会話成立まで（彼女が成功体験を積むまで）話

したのです。すごく粋な対応だと思いませんか？


人間は必ずミスをします。

しかし、心が強い人は、そのミスすらも可愛がります。

人は機械ではありません。ミスをするからチャーミングなのです。

大事なことは、完璧になることではありません。完璧に近づくように、いつも努力をし続けることなのです。

心を強くするコツ 02

ミスすらも可愛がる

部活も受験も、メンタルが弱いせいで、すべてうまくいかなかった男

冒頭にも書きましたが、私は、高校時代に野球部に所属していました。ある試合で、自分のタイムリーエラーが原因で負けた経験から、その後の高校野球の生活がすべてチグハグになってしまいました。

さらに、野球だけではなく、受験も苦い思い出ばかりです。

高校受験のときは、受験当日にあまりにも緊張しすぎて、いつもの6割の力も出せませんでした。頭が真っ白になり、脳みそが固まり、普段は聞こえない音が聞こえ出したり、手が震えたりするのです。

受験終了後、すぐに通っていた塾に戻って自己採点をするのですが、ボーダーラインよりはるかに下の点数で、がっくりと肩を落とし、家に帰りました。

そのあと「受験お疲れさま旅行」ということで、家族で沖縄に行ったのですが、そのときの会話も、「残念だったけど、私立の特進クラスが受かっているんだから、いいじゃん！」という感じで、励まされてばかりだったことを覚えています。

本命ではない私立の特進（本命の公立校より、はるかにレベルが上）は、「受かるはずがないし……」と思いながらリラックスして受験することができ、受かりました。しかし、本命となるとプレッシャーに負けてしまうのです。

そんななか迎えた合格発表当日、奇跡が起こりました。

「けじめがつくから、いちおう合格発表は見に行くね」と期待せずに希望校に向かったら、私の番号が掲示板に書いてあったのです。番号は３２０番。

高校受験は奇跡的に合格しました。

次に大学受験はどうだったかというと、こちらは結論から言うと、第一志望校は見事に落ちました。高校受験と同じ理由で、センター試験に失敗したからです。

センター試験に失敗したので、後期試験はひとつランクを落とした国立校の受験をしましたが、それでも落選。

結局は、滑り止めの私立大学に入学しました。

高校野球のエラーを引きずるメンタル状態から考えると、大学受験もうまくいくわけあ

りません。

その後、就職活動や会社員時代、そして何より起業を通じてメンタルが徐々に強くなってきたのですが、それは後半の章でまとめてご紹介します。

そんな私でも、いまは「メンタルの鬼」と呼ばれるくらい心が強いです。

過去は関係ありません。メンタルの弱かった過去の自分なんて、忘れてしまいましょう。

誰でも努力でメンタルは強くなります。

メンタル回復の方法を知っているかどうか、ただそれだけなのです。

心を強くするコツ 03

メンタルの弱かった過去なんか忘れる

心が折れかけた経験
×回復した経験
＝強いメンタル

私は心が弱い人間でした。

「強いメンタルさえあれば……」

社会人になって仕事をしながらも、よくこのようなことを考えていました。

すでに述べたように、強靭なメンタルを最初から持っている人なんて存在しません。

強いメンタルには、シンプルな法則があります。

「心が折れかけた経験×回復した経験＝強いメンタル」です。

心が折れっぱなしでもダメ、心が折れないように生きるでもダメ、それではメンタルは強くなりません。

折れかけた経験と回復した経験のセットでしか、強いメンタルにはならないのです。

だから言いましょう。

「どんどん心を折ろう」

「折れるの、ウェルカム」

「心が折れそうになったら、小躍りして喜ぼう」

と。

「メンタルを強くする方法は心を折ることか。はあ……自分には無理だな」

わかります、私もそうでしたから。

そう思ったら、こんなふうに極端に考えてください。

明日死ぬとわかっていても、心を折らず、無難に生きたいですか？

高校時代に野球部で一緒に二遊間を組んでいた同級生が、病気でこの世を去りました。

ついこの間まで一緒に白球を追いかけていた戦友が……。

起業して3年目に父親を病気で亡くしました。56歳でまだまだやり残したことがあるなかで、息を引き取った瞬間を目の当たりにしました。

だから、私は毎朝誓うのです。「**今日も、全力で生きよう**」と。

置き換えて考えてみてください。

メンタルはハート、つまり心臓です。心臓は筋肉でできていますから、まさに「心の筋トレ」をしているようなものなのです。

筋肉は、ちぎるから太く強くなります。

最初はちぎる。いきなり筋肉が太く強くなるわけではないのです。

このように筋トレに置き換えると、心を折る経験が、筋肉をちぎる経験と同じだということがわかります。

私は、極端に考えてみたり、置き換えてみることをよくしますが、このように考えると心を折る経験の大事さが伝わるのではないでしょうか。

私が主宰している起業塾では、**「心臓に毛がボーボーに生えてくるくらい、折れかけてから復活しよう」**と伝えています。

あなたの心臓には、毛が生えていますか?

心を強くするコツ 04

自ら積極的に心を折りにいく

無限に死なない
マリオになれ

強靭なメンタルなんて、最初は存在しません。
まずは心を折る経験をたくさん積むことが大切です。

私が子どものころ、「スーパーマリオブラザーズ」というゲームが流行っていました。

スーパーマリオブラザーズがうまくなる方法は、ただひとつ。

「場数」です。

新しいステージに突入すると、新しい罠にハマり、だいたい一度はマリオが死にます。
一度死ぬことで学び、「次は同じ罠に気をつけよう」「このように乗り越えよう」と学習し、クリアしていくのです。

スーパーマリオブラザーズとメンタル回復法は、同じロジックでおこなわれます。
たとえば場数がものをいうスーパーマリオブラザーズで、マリオが死んでしまっても無限にゲームできるような設定だったら、いかがでしょう。

無限の命があるのに、いちいち死ぬこと気にするでしょうか？
なりふり構わず、ガンガンチャレンジするはずです。

では、普段のあなたの人生の現場ではどうですか？

仕事でチャレンジして、心を折ったところで死ぬことはありません。

「死ぬ気でやれよ。死なないから」という言葉がありますが、まったくその通りです。

スーパーマリオブラザーズにノコノコ（亀の姿をした敵キャラクター）の甲羅を踏み続けることで、不死身になれるという裏技があります。

この裏技のように、私たち人間は、どんなにチャレンジしても不死身なのです。

さらに言えば、ステージ1をクリアできて、ステージ2に進まない人はいません。

「ステージ1はクリアできて、居心地はいいけど、ステージ2はクリアできるかわからないからやらないんだ。それにしてもステージ1は楽しい。ずっとステージ1のままでいい」

という人はいないはずです。

人は、同じステージでは飽きます。

失敗がない人生、冷や汗をかかない人生、ドキドキしない人生は、つまらないとわかっ

ているからです。自ら居心地の悪い、自分にとってチャレンジングな生き方を選ぶ性質が、本当はあるのです。

チャレンジが嫌いだと断言するなら、スーパーマリオブラザーズでもステージ1しかやってはいけません。ステージ2に行きたい気持ちがあるのなら、現実の人生でも、その自分に正直にチャレンジしてみてください。

大事なことは、人生のなかでいかに失敗を体験し、回復法を知るか。そしてその数を増やすかが、あなたの心を豊かにするのです。

心を強くするコツ 05

居心地の悪いステージに進む

Chapter 2

心が折れやすい人、

折れにくい人

ここでは私の経験からわかった、心が折れやすい人と折れにくい人の特徴を、それぞれ5つ挙げていきます。

あなたはいくつ当てはまるでしょうか?

心が〝折れやすい〟人の5つの特徴

折れやすい人の特徴 1
「完璧主義」

完璧主義な人は、迷惑で扱いづらい人です。

仕事においても、一人で抱え込んでなんとかしようと、あれこれ考えています。人の力を借りれば早く解決するものを、プライドが許さないのか、難しい顔をして、いつも理想を追い求めます。

その結果、いつしかダムが決壊し、メンタルが折れてしまうのです。

ときには、「わからない」「教えてください」と素直に言えることも大切です。完璧主義は、それが言えない頑固者なのです。

人は、他人の欠点が大好物です。

むしろ人は、完璧でないから魅力的なのです。

女性は、綺麗で美しくクールビューティーこそが完璧な女性だと、思っていることが多いです。でも実際に男性にモテる女性は、ちょっと天然で愛嬌のある人だったりします。

私の場合も、欠点だらけです。

たとえば私は昔から暗算が苦手で、指を使わないと計算ができません。スタッフとミーティングをしていて、私が「**えーっと……**」と指を使い計算し始めると、みんなクスクスと笑い始めます。

ほかにも、お酒を飲むと私はすぐに顔がゆでダコのように赤くなります。

それを見て喜んで、今日は権藤さんより上の立場に立てると、悪い笑顔を浮かべながらお酒を注ぎにくるスタッフもいます。

そう、欠点に人は集まるのです。

芸人は、自分の欠点やミスを笑いに変えます。

歯が出ているから面白いのです。顔が大きいから、お腹が出ているから、ハゲているから人気があり、イジられやすいから番組に呼んでもらえるのです。

欠点で飯を食っているということです。

完璧に見せるのではなく、むしろオープンに笑いに変えてみせる、それこそがメンタル管理に必要なことかもしれません。

折れやすい人の特徴 2
「気分・感情が激しい」

感情的になりやすい人、一喜一憂しやすい人もまた、心が折れやすい人です。

人は、上がったテンションが必ずもとに戻るようになっています。

この人間の特性を、「ホメオスタシス（＝恒常性）」と言います。

ディズニーランドからの帰りの電車で、夢の世界から一気に現実に引き戻され、テンションが下がり、ミッキーの耳をつけていたことすらもバカらしくなる。そして、明日からの仕事で憂うつになる。これもホメオスタシスが働いているからです。

すぐに気分・感情が上がりやすい人は、テンションが下がるときにすべてを投げ出したくなることで、心が折れます。

これを改善するためには、次の3つを実践することです。

（1）「上がったテンションはもとに戻る」ということを知っておく

人には恒常性の特性があると知っておくだけで、いまテンションが下がっているのではなく、「上がった気持ちがもとに戻っているだけだ」と捉えられるようになります。

（2）「それはそれ、これはこれ」で気分・感情とやるべきことを分ける

気分・感情があることが悪いわけではありません。むしろ誰にでもあります。

成果をつくる人は、気分・感情があっても、「それはそれ、これはこれ」と、自分の気持ちとやるべきことを切り分けて考えることができるのです。

私のメンターは、どんなに体調が悪くても、自分にこう言い聞かせるそうです。

「いい？ いま高熱で身体がしんどいかもしれないけど、僕は目標達成のために仕事するから、しんどい身体とは付き合っていられないから」

これこそ、最強の切り分けです。

（3）二次感情で選択し直す

男性のみなさま、想像してください。胸元を大胆に開け、ミニスカでナイスバディなお姉さんが、いまあなたに向かって歩いてきます。

女性のみなさま、想像してください。筋肉ムキムキのさわやかイケメンお兄さんが、いまあなたに向かって歩いてきます。

そのとき、あなたの一次的（本能的）な感情は、**「触りたい！」**です。

でも、もし実際に触ったら？ そう、犯罪ですね。

急に触ったら犯罪だとわかっているから、触らないのです。

このとき、あなたは一次感情（本能）から二次感情（理性）に切り替えたのです。

ほかの動物と違って、人間は二次感情で、選択し直すことができます。

一次感情でカッときても、二次感情で「で？　だから？　どうする？」と切り替えることで、メンタルが折れるのを防ぐことができるのです。

折れやすい人の特徴｜3
「視野が狭い」

心が折れる人は、視野が狭く、極端でせっかちです。先のことが考えられず、目の前の出来事に一喜一憂してしまいます。
あなたは、次のような経験ありませんか？

今日のランチは前々から行きたかった、あの有名なトンカツ屋さん。
朝食も抜き、お腹を空かせ、お昼を楽しみにしています。
お昼になり、足取り軽くトンカツ屋さんに向かうあなた。

トンカツ屋さんに到着すると、あなたは見てはいけない貼り紙を見てしまいます。

「本日、店主の都合によりお休みします」

なんと、想定外の店休だったのです。

「朝食を抜いたのも、早く着いて並ぶためにいつもより高いコインパーキングに車を停めたお金も、すべて無駄。朝から楽しみにしていた心も台なしじゃないか！」

あなたは悲しみと同時に、だんだん怒りがエスカレートしていきます。

仕方なく無駄金をコインパーキングで精算し、車を出庫し、ほかのお店を探します。

しかし、ちょうどランチタイムの混雑で、車がなかなか進まない。

そのことに対してイライラするあなた。エスカレートして、前の車や楽しそうに歩いている歩行者、同乗している同僚にも当たり始める始末。

このあとは想像つくと思いますが、お昼からの仕事にも影響が出て、ずっとメンタルを引きずったまま、1日を過ごしてしまうのでした。

典型的な心の折れ方の紹介ですが、このくだらないストーリーの登場人物は昔の私です。

休業の貼り紙を見た瞬間、カッと頭に血がのぼるのはわかります。しかし冷静に考えると、お昼に何を食べるかより、今日の仕事をまっとうするほうが、よほど大事です。

車の渋滞なんかもそうです。イライラして、少しでも早く渋滞を抜けようと危ない運転をするよりも、安全に目的地にたどり着くほうが大事です。万が一ケガや事故を起こしてしまったら、そっちのほうが人生の遠回りになってしまいます。

何事も立ち止まって、冷静に先のことまで考えて、本当に必要なことを再選択していく力が大事なのです。

折れやすい人の特徴 4 「どう見られるか気になる」

あなたは、小学生のときクラスで一番足が遅かった人と、クラスで一番勉強ができなかった人を、すぐに思い出せますか？　たいていの人は思い出せないでしょう。

私の成人式のとき、ある同級生が、給食の時間に友だちに笑わされて私の顔面に牛乳をぶっかけてしまったことを、「**あのときは申し訳なかった!**」と謝ってきたのですが、私はそのことをまったく覚えていませんでした。

人は、自分のことしか興味がありません。

それなのに、自分の失敗や汚点、恥ずかしい体験をすると、そのことに異常にショックを受け、心が折れて、引きずってしまうのです。

私はいまの事業の立ち上げ当初、恥ずかしい失敗やあり得ない失敗をたくさんしでかしました。あまりにもひどくて、さすがの私でも気にするようなことでも、それを当時すべて見ていたメンターは、まったく気にしていませんでした。しっかりと現在の権藤を評価してくれます。

人の記憶はバージョンアップされます。

あなたが力を入れるべきは、いまこの瞬間なのです。

過去を引きずって、自分はこんな人だからと勝手にレッテルを貼っているのは、あなただけです。あなたが思っている以上に、あなたのことなんか誰も気にしていません。

世の中、他人に左右されすぎている人が多いです。他人に支配される人生は、いますぐ卒業しましょう。

折れやすい人の特徴 5 「思い込みが激しい」

凹むことや悩みがあってもいいですが、それを抱え込んでしまう人は要注意です。誰にも相談できずに我慢していると、いつしかダムが決壊したかのごとく、一気にネガティブワールドに引きずられてしまいます。

たとえば、ある会議に遅刻してしまい、こっぴどく怒られた瞬間、

「こんなにがんばっているのに、なんでこんな目にあうんだ」

「そもそも昨日、上司に終電までお酒を付き合わされて、予定がめちゃくちゃだよ」

「肌もボロボロ、ネイルも剥がれかけて、すべて中途半端」

「こんなにすぐ疲れるなんて、歳とったのかな」

「はー。私って、本当に結婚できるのかな」

「なんかもう嫌だ……」

という具合に、どんどんネガティブワールドに入ってしまいます。

ネガティブワールドに入ったときは、まず一つひとつ、悩みやモヤモヤすることを書き出してみてください。

書いてみると、意外と悩みがたいしたことないということに、気づくことがあります。

心が折れやすい人は、勝手に思い込みで苦しみ、たいしたことないということに気づいていない場合が多いのです。

さて、次に心が折れにくい人の特徴についても見ていきましょう。

心を強くするコツ 06

心が折れやすい人の5つの特徴を知る

心が〝折れにくい〟人の5つの特徴

折れにくい人の特徴 1

「改善策を知っている」

心が折れにくい人は、折れかけたメンタルを回復させる改善策を独自で持っています。改善策を持っているということは、たくさん失敗しているということです。

Chapter 1でも述べましたが、失敗やミスをまったくしないなんて、ありえません。だから、一度も心が折れないというのも不可能。それより、折れかけた心をどう回復させるかが大事です。

成功するためには〝成功するために用意された失敗〟を、いかに早く経験していくかが鍵だと思います。

たとえば、レベル100に達すると「成功」だとして、いまのあなたの成功レベルがまだ50だとします。

この場合、「成功」を手にするためには、残りの50を失敗から学び、レベルを上げる(すなわち失敗から改善する)必要があるということです。

もし、あなたの成功レベルが20ならあと80回失敗。これまでの人生サボってきて、あなたの成功レベルがまだ5なら、あと95回失敗することになります。

成功とは失敗から学ぶゲームであり、成功したい人にとって、失敗とは落ち込むものでも凹むものでも悪いものでもなく、「やった！　ゲットしたぜ！」と喜ぶものなのです。

成功するために、誰もが失敗します。

ただ、失敗の回数は、過去どれだけサボってきたかで個人差が出ます。

水が100℃で沸騰するように、99℃では意味がないのです。

成功レベル5の人が、あと94回失敗し、それを改善してレベルを上げても、トータルが99では「失敗」という結果に終わってしまいます。

私も、限りなく0に近いところから這い上がってきました。

失敗を多く経験し、何度もメンタルを回復してきたからこそ、いまようやく強いメンタルになれたのかもしれません。

むしろ、最初から完成度が高い人間でなくてよかったと思います。

最初からレベル95だと、成功は早いのかもしれませんが、メンタル回復法は習得できていなかったからです。少なくとも、失敗のパターン（場数）が少ないので、回復までに時間がかかる人間になっていたでしょう。

成功は、いかに早く失敗をこなすかが鍵と書きました。

これは、積雪に例えてみるとわかりやすいです。

雪が積もるためには条件があります。雪が降って、地面に落ちて溶けるよりも先に、次の雪が地面に落ちてくるスピードのほうが早いときに、積もるのです。

失敗も同じです。

心が折れかけて回復させた経験を、1年に一度しか積んでいなかったらどうでしょう。

おそらく、1年後に新たな失敗をしたときに、メンタル回復に向かうまでの時間は早くなってはいないはずです。

成功したいならリズムよく失敗してください。テンポよく失敗してください。失敗を恐れて、のそのそ失敗するから、メンタルにダメージを受けるのです。

そして、いくつになっても学ぶ人であるというのも大切なことです。

教える人より、学ぶ人のほうがかっこいいです。

私は、積極的に学びを取り入れたことで、成功レベル5から30くらいまでは、一気にワープした感覚があります。

学ぶことで、失敗する回数を少しだけ減らすことができます。

ただ、あくまで〝少しだけ〟です。

人は一生懸命に学んでいても、たいてい自分が受け取りたいように受け取るので、気づかないうちにズレていきます。そこは、現場の経験から、「あれ、今週学んだこと、こうじゃないんだ!」と気づき、自分の成功の築きにするしかないのです。

そして、テンポよく失敗しているときに学び続けていると、数々の失敗に耐え得る考え

方が身につくというメリットもあります。

あなたも、学びながら一刻も早く失敗を前倒しし、成功に近づきましょう。

折れにくい人の特徴 2
「解釈がうまい」

あなたは、どんな癖がありますか?

うつ伏せで寝る癖、足を組む癖、頬杖をつく癖。いろいろな癖が人にはあります。

ここで言いたいのは、「癖は直る」ということです。

私の友人で、ものすごく酒癖の悪い人がいました。

とにかく飲むと人に迷惑しかかけない、酒浸りの人でした。

数年前、こんな自分が嫌だからと、その友人はピタッとお酒を飲むのをやめました。

最初は、「そんな酒癖の悪い奴が、絶対に無理だよ。どうせ続かないでしょ」と言っていましたが、もうかれこれ4~5年は飲んでいません。

そんな彼ですが、先日、ウーロン茶と間違えてウーロンハイを一口飲んでしまい、あまりのまずさに吐きそうになったそうです。

あれだけ好きだったお酒をまずく感じるなんて、人の癖とはすごいものです。

私が起業して11年、メンターにもっとも多く言われたのは次のことです。

「成功するかしないかは、考え方の癖で決まる」

そうです、考え方も癖なのです。あなたが、ある偏った環境にいたことにより染み付いてしまった癖。決して性格ではありません。

先ほども述べたように、癖は直ります。

ネガティブ思考、自己否定をしがち、感情がむき出し、極端な考え方が強い……それらはすべて癖なので直ります。

メンタルが折れにくい人は〝成功するための考え方の癖〟になっている人です。

つまり、解釈が違うのです。

ここでひとつ、解釈の違いについて、わかりやすい話があるのでご紹介します。

「大酒飲みの父親に育てられた双子の兄弟」という話です。


ある所に、同じ父親のもとで育った双子の兄弟がいました。

父親は大酒飲みで家庭を顧《かえり》みず、兄弟は劣悪ともいえる家庭環境のなかで、まったく同じように育っていました。


双子の兄弟が大人になったとき、兄のほうは父親と同じような大酒飲みになりました。

兄は最終的に一家離散。破滅型の人生を送ることになってしまいました。

一方で弟は禁酒家になり、アルコール依存症専門の弁護士として素晴らしい家庭を築き上げ、祝福された生涯を送ることができました。


あるとき、この兄弟に同じ質問を投げかけた人がいました。

「あなたはなぜ、このような人生を送ることになったのだと思いますか？」

まったく違う人生を送った2人は、質問を次のように答えました。

「あんな父親に育てられたなら、こうなるしかないじゃないですか！」

「人生は選択です。私は父の姿を見て、禁酒家になるという道を選びました」


この話のように、同じ家庭環境で育った2人ですら、起きている出来事をどう見て、どう解釈し、何を選択したかで、まるで正反対の人生になるのです。

成功する解釈を習得し、メンタルが折れにくい自分をつくりましょう。

折れにくい人の特徴｜3

「仲間がいる」

部活や受験勉強を思い出してください。

極寒のなか、炎天下のなか、それでも練習に行ったのはなぜですか？

5時間も6時間も、自習室で勉強をできたのはなぜですか？

もし、あなた一人で部活や受験に臨んでいたら、どうでしょう？そんなに続きましたか？

ほとんどの人は、答えはノーなのではないでしょうか。

あなたが継続できた理由、それはあなたに仲間がいたからです。

心が折れにくい人は、折れそうなときに支え合う仲間がいます。

私の友人で、彼氏にフラれてしまった女の子がいました。

「夜になるとその彼のことを思い出してしまって、寂しくなり、どうしようもない」と友だちに話していたそうです。

すると、次の日から毎晩、入れ替わりで友だちが泊まりに来てくれて、夜な夜な、女子トークで盛り上がっていたそうです。

2～3日も経つと、入れ替わりで泊まりに来た友だちに毎回フラれたことの経緯を話すことがめんどうくさくなって、**「もう、いいわ」**と吹っ切れて、立ち直ったそうです。持つべきものは、仲間ですね。

折れにくい人の特徴 4

「受け取らない」

心を折れにくくするためには、いちいち深刻に受け取らないことが大切です。

以前、「お釈迦さまと悪口男」という話を教えていただきました。

あなたは、これを読み、どう思うでしょうか。


あるところに、お釈迦さまが多くの人たちから尊敬される姿を見て、ひがんでいる男がいました。

「どうして、あんな男がみんなの尊敬を集めるのだ。いまいましい」

男はそう言いながら、お釈迦さまをギャフンと言わせるための作戦を練っていました。

ある日、その男は、お釈迦さまが毎日同じ道のりで散歩に出かけることを知りました。

そこで、男は散歩のルートで待ち伏せして、群集のなかで口汚くお釈迦さまをののしってやることにしました。

「釈迦の野郎、きっと俺に悪口を言われたら、汚い言葉で言い返してくるだろう。その様子を人々が見たら、あいつの人気なんてアッという間に崩れるに違いない」

そして、その日が来ました。

男は、お釈迦さまの前に立ちはだかって、ひどい言葉を投げかけます。

お釈迦さまは、ただ黙って、その男の言葉を聞きました。

それを聞いていたお釈迦さまの弟子たちは、くやしい気持ちで「あんなひどいことを言わせておいていいのですか?」とお釈迦さまにたずねました。

それでもお釈迦さまはひと言も言い返すことなく、黙って男の悪態を聞いていました。

男は、一方的にお釈迦さまの悪口を言い続けて疲れたのか、しばらくしたら、その場にへたりこんでしまいました。

どんな悪口を言っても、お釈迦さまはひと言も言い返さないので、なんだか虚しくなってしまったのです。

その様子を見て、お釈迦さまは静かにその男にたずねました。

「もし他人に贈りものをしようとして、その相手が受け取らなかったとき、その贈りものは誰のものだろうか?」

こう聞かれた男は、突っぱねるように言いました。

「そりゃ、言うまでもない。相手が受け取らなかったら、贈ろうとした人のものだろう。わかりきったことを聞くな」

男はそう答えてからすぐに、「あっ」と気づきました。

お釈迦さまは、静かにこう続けられました。

「そうだよ。いまあなたは私のことをひどくののしった。でも、私はののしりを少しも受け取らなかった。だから、あなたが言ったことはすべて、あなたが受け取ることになるんだよ」


私は、入社3年目という若い時期に事業を立ち上げたものですから、たくさんの批判を受けました。

「お前にはまだ早い」

「会社の仕事をしっかりしなさい」

私は「はい、ありがとうございます」と言いながら、すべて受け流してきました。受け取らなかったのです。

影響を受けるのは、メンターだけ。いちいちすべての人の助言を受け取っていては、前には進めないからです。

心が折れやすい人は、とにかくいろいろな人に影響を受けては、受け取りすぎて迷っているのです。自分がこの人と決めた人の助言以外は、受け取らないことも大切です。

折れにくい人の特徴 5
「コツコツ型である」

心が折れにくい人は、日々コツコツと物事に取り組んでいます。

ため込まないのです。

私はこの原稿を自分で書いていますが、本業は実業家です。

メンターのもとで、いくつかプロジェクトの立ち上げもやっています。

講演会やビジネストレーニング、オンラインサロンも並行してやっています。

そんななか、いつ原稿を書いているのかというと、正直に言うとほとんど時間がありません。

だから私は、この本の担当編集者である、きずな出版の小寺裕樹編集長に、**「毎週必ず報連相をして、原稿を送る」**というルールを決めました。

このルールを決めた瞬間、意地でも時間を見つけて書くようになります。

そうすると不思議なもので、書く時間ができるのです。

週によっては2～3行しか原稿を書けずに、それでも堂々と「今週の分です！」と小寺編集長に送っては、「少なっ！」とツっこまれるようなこともありましたが、ため込んでしまうよりはよっぽどマシです。

ため込めばため込むほど、「書かなければ、書かなければ」とプレッシャーや焦りや不

安に駆られ、ある瞬間「もう無理だ」と心が折れてしまうのです。

牛には胃が4つあると言われています。

しかも胃の広さは、人間の大人の男性が2人も入るほどの広さだそうです。

そんな大きな牛でも、一気に草を食べるのではなく、一口ずつ食べていきます。牛はほぼ1日中、口をむしゃむしゃ動かしています。

人間も同じです。いきなり大きく踏み出すのではなく、コツコツ積み上げて物事に取り組んでいくことが、心を折れにくくするコツなのです。

心を強くするコツ 07

心が折れにくい人の5つの特徴を知る

Chapter 3 強い自分をつくる

「セルフコントロール」

私が、いいメンタルの状態を維持するために具体的に使っているセルフコントロール法をご紹介します。大事な要素は「メモ」です。今日からすぐに実践できる方法ばかりなので、ぜひ試してみてください。

書くことで、テンションが下がっても復活できる

朝起きてやる気があっても、読書をしたりセミナーを受けてやる気が出ても、人はテンションが下がる出来事が起こると、簡単にやる気をなくしてしまう生き物です。

お昼ご飯を食べて、眠たくなってダラダラお昼を過ごしてしまったことで、その1日のリズムが崩れた……。セミナーを受けて、やる気が上がり、学んだことを実践しようと思ったけど、仕事にうまく活かすことができず撃沈した……。

このように、やる気が削がれるシーンは日常の至るところに存在します。

昔、このような話をメンターから聞いたことがあります。

「ヤクザ映画を見て自分も強くなった気になる。そして偉そうに歩いていても、人と肩がぶつかると、すぐ『す、すいません……！』と恐縮してしまう。気持ちは一時的に変わっても、あなたが強くなったわけではない。自分を変えるのは行動のみだ」

セミナーや研修を受けたあとは、この状態に近いのだと思います。

このようなことは、私も何度も何度も体験してきました。

そんなとき、心が折れかけた自分を取り戻す方法として私が実践してきたことが、朝起きたら最初に「今日過ごしたい理想の１日」を書き出してスタートするという習慣です。

起業して11年、私は毎朝これを実践しています。

嫌なことがあったとき、このメモが「おい、お前。お前の今日の理想はこうだぞ。もう忘れたのか」と、すぐさま思い返す材料になってくれるのです。

すると、「そうだった。やはり今日はこう生きよう」と、テンションが下がる現象に左右されることなく、メモした理想を生きるために動き出せるといった具合になるのです。

具体的には、私の習慣はこうです。

- **夜、シャワーを浴びながら、今日の反省と明日のスケジュールを考える**
- **明日の予定を思いながら、明日着る服も同時に考える**
- **明日の戦略を考えながら、眠りにつく**
- **朝起きたら、まず紙とペンとコーヒーを用意し、今日のスケジュールと、着地・戦略などを考える**（**20分間、ぼーっとしながらでOK**）

今日という日に強い念を送れば送るほど、「ま、いっか」がなくなります。

もしあなたが行き当たりばったりの毎日になっているのだとしたら、この1日をどう生きよう、という念が弱いからです。

朝起きて、バタバタ身支度をし、届いているメールに飛びつき、追われながら作業をする。そのうちアポの予定がきて、戦略やストーリーも考えないままアポをこなし、理想の半分の力も出せず撃沈する。

そんな自分に嫌気がさし、喫茶店でサボり、ゲームをしながら現実逃避をする。

会社に戻り、残った事務作業をしようと思ったら、同僚に「飲みに行かない?」と声をかけられ、つい「はい」と言ってしまい、グタグタと時間を浪費し、帰ってからも何もやる気が起きず、そのまま就寝。いつの間にか1日が終わってしまう。

こんな経験、ありませんか? もちろん私もあります。こんな1日ばかり過ごしていては、いっこうに理想の自分など手に入りません。

大事なことは、書くことです。毎朝20分だけでOKです。この20分で、最高の心の状態を維持できるのです。

心を
強くする
コツ
08

理想の1日を、毎朝書き出す

書くことで、流されなくなる

理想の1日を書くことは、流されなくなるという効果もあります。

たとえば前項でも書いた、唐突な「飲みに行かない？」に弱い人は多いと思います。

「はい！」

「……あ、言ってしまった！」

「なんでNOと言えないのだろう……」

こういった後悔はよくあることです。

私も、もともと流されやすい人間です。

「クリスマスも近いし、彼女ほしいな」と言いながら、クリスマス当日になると「野郎だけのほうが楽しい！　彼女なんていらないぜ！　ヤッホー！」とよく言っていました。

どっちだよ！　と自分でも突っ込みたくなるくらい、そのときの状況に流されに流されて生きていました。

しかし、1日の理想のスケジュールをメモする習慣を始めてからは、NOと言えるようになりました。

「今日の自分は必ずこう過ごす」という生き方が決まっているので、絶対に邪魔させない

と決めているのです。

私は、今日の理想の1日を邪魔するものは許しません。

どうでもいい誘い、テレビ、SNS、YouTubeなどに邪魔される人も多いのではないでしょうか。とくにYouTubeは本当に気をつけないと、次から次に自分の興味ある関連動画が用意されてあります。危険です。

もちろん私もSNSは毎日チェックしていますし、急な誘いでも、自分の決めたスケジュールより効果的になる誘いなら、どんどん予定変更して、お付き合いすることもあります。

ただ、そこに〝軸があるかないか〟で、1日の満足度は大きく変わると思うのです。

SNSもダラダラ見るのでなく、寝る前のぼーっとしている時間に見るとか、YouTubeもご飯を食べる時間などを有効に使いながら見るようにしています。

有効に時間を使うという意味では、私は歩くときは電話、止まっているときはPCかスマホでメールチェックという行動を徹底しています。

もし、集中してメールチェックと返信をしているときに電話がかかってきても、ほとんど出ません。自分の時間を邪魔されたくないからです。

カフェで仕事していても、どうせカフェを出てから歩く時間があるので、そこでまとめて電話します。

いっけん偏っているかもしれませんが、それくらい徹底しないと、自分の時間を生きるのが難しくなってきていると思うからです。

他人軸ではなく自分軸で生きることは、日々の誘惑に打ち勝ち、良質な心の状態を維持する重要なポイントです。そして、その軸を持つための効果的な手段が、「理想の1日を書く」ということなのです。

心を強くするコツ 09

理想の1日を軸として、それを守って行動する

書くことで、落ち込む暇すらなくすことができる

人の心が折れやすいときは、どんなときでしょうか。

ずばり、暇なときです。

人は基本的にネガティブな性質を持っているので、ぼーっと暇にしていると、どんどんネガティブになります。

大尊敬する研修会社の社長から聞いた話です。

いつも会社の事務所に配達してくれる運送会社の方が、とにかく優秀なのだそうです。挨拶もハキハキしていて、まわりへの配慮も欠かさない。配達の時間管理なども完璧にコントロールされているとのこと。

しかし、あるとき研修会社の社長が、その運送会社の方に「○○さんは、この前の連休はどう過ごしたの？」と聞いたところ、

「仕事が忙しくて、何も事前に予定を立てていなかったので、結局、家でゴロゴロ過ごしてしまいましたよ」

と答えたそうです。

仕事では時間管理も完璧、テキパキ仕事している人が、休みの予定は立てられない。

なんの拘束もなく予定がなくなると、時間を無駄に過ごしてしまうのです。

とくに仕事ができる人が、この現象に陥りがちです。

人は魔が差すと、心が折れます。

なかでも、予定がキャンセルになり、急に暇になったときが一番危険です。

そこで私は、「アポがキャンセルになったときのための、やることリスト」を書いて、いつも持っていました。

参考に、私がつくっていたリストを紹介します。

- **○○カフェ（行きたかったカフェの名前）で、△△（気になっていた本）を読む**
- **○○の映画を観る**
- **○○（好きな音楽）を聴きながら、たまっている洗濯と料理をする**
- **ふらっとバーに行き、友だちを5人つくってから帰宅する**
- **SNSを更新する**
- **100円ショップに行く**

・母親に電話する

このように常にメモに書いて持っておくことで、「さあ、どれをやろうかな。やっとこれをやる時間ができたぞ」という感覚になるので、アポがキャンセルになったりして暇なときも、気持ちが落ちることもなく、心も折れません。

本当に普通のことばかりですが、これがあるだけで落ち込む暇がなくなるのです。

メモは忘れないために書くと思いがちですが、本当は、メモは忘れるために書くのです。**人は毎日、次から次に新しい場面に遭遇するので、次から次にいま起こったことを忘れていきます。そこで大事になってくるのがメモなのです。**

常にメモとともにいることで、いいメンタルを保つことができるわけです。

心を強くするコツ 10

「暇になったときにやることリスト」をメモして持っておく

いいメンタルを保つ4つのセルフコントロール法

恐れ入ります
切手を
お貼りください

郵便はがき

162-0816

東京都新宿区白銀町１番１３号

きずな出版 編集部 行

フリガナ

お名前　　　　　　　　　　　　男性／女性
　　　　　　　　　　　　　　　未婚／既婚

（〒　　　-　　　）
ご住所

ご職業

年齢　　10代　20代　30代　40代　50代　60代　70代～

E-mail

※きずな出版からのお知らせをご希望の方は是非ご記入ください。

愛読者カード

ご購読ありがとうございます。今後の出版企画の参考とさせていただきますので、アンケートにご協力をお願いいたします（きずな出版サイトでも受付中です）。

[1] ご購入いただいた本のタイトル

[2] この本をどこでお知りになりましたか？

1. 書店の店頭　　2. 紹介記事（媒体名：　　　　　　　　　　）
3. 広告（新聞／雑誌／インターネット：媒体名　　　　　　　　　　）
4. 友人・知人からの勧め　　5.その他（　　　　　　　　　　）

[3] どちらの書店でお買い求めいただきましたか？

[4] ご購入いただいた動機をお聞かせください。

1. 著者が好きだから　　2. タイトルに惹かれたから
3. 装丁がよかったから　　4. 興味のある内容だから
5. 友人・知人に勧められたから
6. 広告を見て気になったから
（新聞／雑誌／インターネット：媒体名　　　　　　　　　　）

[5] 最近、読んでおもしろかった本をお聞かせください。

[6] 今後、読んでみたい本の著者やテーマがあればお聞かせください。

[7] 本書をお読みになったご意見、ご感想をお聞かせください。
（お寄せいただいたご感想は、新聞広告や紹介記事等で使わせていただく場合がございます）

ご協力ありがとうございました。

きずな出版　URL http://www.kizuna-pub.jp　E-mail 39@kizuna-pub.jp

これまでメモの威力について説明してきましたが、メモ以外にも、私がおこなっている、心を良質な状態に保つためのセルフコントロール法はいくつかあります。

ここでは4つほど紹介しましょう。

① 気持ちの完了を知らせる「チャイム効果」を使う

授業の終わりには、必ず「キーンコーンカーンコーン」とチャイムが鳴ります。

話が途中でも、どんなに盛り上がっていても、チャイムの合図と同時に、先生も生徒も「あっ！　終わりにしなきゃ」と切り替えて、強制的に終了させようとします。

この「完了」を知らせる仕組みを強制的につくることで、メンタルを切り替えることができるのです。

たとえば携帯のアラームを2時間後に設定したり、YouTubeで2時間の音楽を再生します。そして、「**嫌なことが続いたのでこの2時間は集中して落ち込んでみよう**」「**この時間はダラダラ過ごそう**」と決めて落ち込むようにする。2時間後、終了と同時に（チャイムの合図とともに)、その気持ちを完了させるのです。

人は、落ち込んでいると、さらに落ち込んでいくものです。ダラダラといつまでも、ネガティブな感情を引きずっている自分が嫌になっているのです。

嫌なことを考え続けないということは、メンタル維持に非常に効果があります。

大事なことは、自分のなかにルールをつくってしまうということなのです。

② 読書をして、いい言葉を「食べる」

いい言葉、ポジティブな言葉に触れることにより、良質なメンタルを維持しましょう。

そのためにもっとも効果的な方法が読書です。

読書をすることで、心が落ち着き、心が整います。

さらにモチベーションも上がります。

とくに心が折れかけているときは、がっつりと気合いを入れて読まなくてもいいので、ぼーっと眺めるように読んでください。

そのなかで、光るフレーズが1～2個でもあったら、その本はいい本です。

身体が食べ物を食べて育つように、脳はいい言葉を食べて育ちます。

コーヒーなどを飲みながら読書すると、さらにリラックス効果が促進されます。

③ スキップをする

部活や体育の時間、運動している最中はテンションが上がります。

散歩やジョギングをしていると、なんとなくスッキリとした気分になります。

そう、人は身体を動かしていると、気持ちが下がることがないのです。

たとえばあなたは、スキップをしながら凹むことはできますか？

スキップしながらネガティブな感情になることは、なかなか難しいです。

バカバカしいと思うかもしれませんが、スキップをするのはもっとも簡単なメンタル維持の方法のひとつです。

人は、行動に感情がついていきます。

気持ちによって行動するか・しないかを決めるのではありません。行動によって、気持ちを決めるのです。

無意識に過ごしていると、どうしても感情から行動を選択してしまうのが、私たち人間です。だからこそ、行動から変えてしまうのです。

さらに、外で運動をすると日光を浴びます。日光を浴びることもいいことで、身体が活性化されて、心も前向きになれます。

大声を出すというのも、いい方法です。一人でカラオケに行き、好きな歌を熱唱して発散するというのもいいでしょう。

身体を動かしたり、大きな声で歌うことで、気持ちが上がるのです。

④泣いたり笑ったり、人間らしく過ごす

心が折れかけたときは、とにかく笑いましょう。

笑顔は「セロトニン」「ドーパミン」「エンドルフィン」という物質をつくります。

ストレスが緩和され、快楽や幸せの分泌が促進されるのです。

その結果、ポジティブ思考になります。

また、泣くというのも効果的です。人間は泣くことで緊張モードの交感神経から、リラックスモードの副交感神経に切り替わります。

面白いバラエティ番組を観たり、感動する映画を観たりして、思いっきり笑ったり泣いたりしてみましょう。

感情を押し殺すのではなく、ときにはむき出しにしてみるのです。本来の人間らしく過ごすことがコツです。

心を強くするコツ 11

チャイム効果、読書、スキップ、映画を使う

Chapter 4

ゼロから何度でも

立ち上がるための特効薬

この章では、実際に私がどのように折れかけた心を回復させてきたのか、実体験を交えて書いていきます。ゼロから回復するための「特効薬的な手法」をいくつかご紹介します。

凹むことができないほど、予定を入れる

メンタル回復の最高の方法は、絶対にこれです。

「凹むことができないほど、予定を入れる」

限界にチャレンジするため、私は1日に商談のアポを45件入れたことがあります。

どうやってやるの？　と思うかもしれませんが、方法はシンプル。

朝9時から夜24時まで、20分刻みでアポを入れると45件です。

不思議なもので、人間は追い込まれると、トイレも20分おきのアポの合間に1～2分で済ませることができます。食事も1分あれば、おにぎり頬張ることができます。

切羽詰まっているときに、いつも以上の力を発揮するようにできているのです。

仕事をしている人ならわかると思いますが、1日に2～3件商談があるだけでも、現場では想定しないことが多々起こります。

「あの着地で大丈夫だったかな」

「効果的な質問ができなかったな」

「商談不成立、断られた……」

しかし45件もこなすと、ひとつの商談が終わり、次の商談が始まるまでの時間が、短いときは15秒しかありません。たったの15秒で切り替えなくてはいけないのです。

次の人にとって、前の商談で私がどんな失敗をしたのかなんて、関係ありません。

まさに、心が折れかける出来事を秒速で切り替えて回復していく術をここで覚えました。

結果として、営業の事業で当時、世界2位という成績を出すことができました。


私は普段、言葉数が少ないうえに、会話も必要最低限で短い人間です。

それはなぜか？　20分という短い時間で商談を繰り返しやってきたことで、無駄な言葉が喋れなくなったからです。

無駄な言葉を喋ると時間がオーバーします。会話もできるだけ短く、本質をつく言葉だけをチョイスして、相手にインパクトが残るように伝えるのです。

アイスブレイクと、笑顔と、話のピークに持っていくまでをいかに早く済ませ、第一声でエンロールメント（契約成立）していく練習を散々やってきました。

私が理想としている状態はこうです。

商談を「**一緒にやりましょう！**」の1秒でクロージングし、コミットメントを取り付けていく人になること。経験から出る言葉の重み、にじみ出るオーラ、一瞬で感情をYESにする愛情が1秒で伝わるような人間になりたいのです。まさに私のメンターが、そのような存在です。

メンタル回復に裏技はないのかもしれません。

予定を入れまくり、場数をこなし、凹む暇をなくすという王道しかないのです。

振り返ってみてください。あなたが凹んでいるときは、暇なときのはず。とにかく、凹む暇がないほど、予定を入れてみてください。

ちなみに、私のオンラインサロンや起業塾に参加している人は大変です。

「権藤さん、どうやったら、メンタルが強くなれますか?」

「まずは45件、アポの予定を入れてから聞いてください」

こう返答されてしまうわけですから。

心を強くするコツ 12

1日に45件のアポイントを入れてみる

発熱すらも管理下におけるほど、願望を明確にする

強いメンタルを習得するためには、願望を明確にすることです。

願望とは、言い換えればビジョンのこと。

「実現可能で幸福な未来図」のことを言います。

頭のなかで鮮明に描けていて、頭のなかですでに達成していて、そのことを妄想してニヤニヤしてしまう状態になることです。

事業の立ち上げ当初の私の願望は、高級外車を納車して、その車で実家の福岡に帰省し、親をびっくりさせて喜ばせるというものでした。大の車好きの父親を喜ばせたい、起業のことで心配していた母親を安心させたいと思っていたのです。

そのため、毎日こんな妄想していました。

- **年末に帰省することだけを母親に伝える**
- **納車した車で帰省し、家の前に車を止めて「プップッ」とクラクションを鳴らす**
- **玄関から母親が出てきて、「えっ！」と驚きの声をあげる**

・その声に驚いた父親が出てきて、「お前、この車どうしたんだ？」と動揺を隠しつつ、車に関心を持つ

・事前に父親も運転できるよう保険をかけておき、父親に「こういう車、乗りたかったでしょ？　近くまで運転する？」と誘い、父親の運転で近くをドライブしながら、ここまでがんばって納車した背景を語る

・そのことにとても喜んだ両親は、私の起業がうまくいっていることに安心する

こんなことを妄想してはニヤニヤしながら、16時間かけて、約1200キロの道を帰省したのです（いま思うと、自分でもバカだと思います）。

妄想のニヤニヤが止まらず、毎日24時過ぎまで仕事をしていました。

そもそも、どうしてもやりたいことでなかったら、16時間もかけて福岡まで帰省しようとは思いません。

じつはこの納車までには、ドラマがありました。

私は「**ある月の売上げがいくらまでいったら、車を買う**」と決めて動いていました。その目標金額に達するか否かを分ける、大事な最後の商談の契約が、じつにドラマチックな展開だったのです。

忘れもしない2009年10月31日。

納車へ向けて、かなり勾配の高かった今月の売上目標も、最終日の契約で無事達成。時刻は18時をまわるころで、やりきった達成感を味わいながら帰宅していました。

夜は友人との飲み会があり、お酒も入りほろ酔いで、非常に気持ちのいい夜を過ごしていました。

途中、トイレのために席を立ち携帯をチェック。

受信メールを開けたときに、見てはいけない文面を見てしまい、私は息が止まりそうになりました。

「**本日の契約ですが、解約させていただきます**」

顔が真っ青になり、一気に酔いが醒めてしまいました。

慌ててメールをくれたお客さまに電話をかけ、22時から会うことになりました。

待ち合わせ場所に向かう途中、頭は真っ白です。

もし、そのときの私の頭のなかを脳内メーカーで診断したら、「納車ｏｒ解約？　納車ｏｒ解約？　納車ｏｒ解約？」という感じだったでしょう。

時間がない……あと2時間で月が変わってしまう。

焦る。しかし目の前のお客さまに私の事情など関係ない。がんばれ自分！

いざお会いして話を聞いてみると、帰宅して冷静に考えてみたときに、「**いますぐ契約を決めなくてもいいんじゃないか**」と思ったとのこと。

よく見ると解約用紙を持っており、すでに記入されています。

ひと通り話を聞いたあと、一つひとつ疑問や不安と向き合い、「一緒にやりましょう」と念を送りながら、もう一度相手が決めたくなる材料を提供しました。

その結果、「そこまで言うなら、やってみます」と、最後には解約を留まるお言葉をいただきました。

そのとき、時間は23時50分過ぎ。

本当に心臓によくない、メンタル管理が難しい1日でした。

おそらく、この件で心臓にはかなり毛が生えたのではないでしょうか。

時刻はそのまま24時をまわり、無事、目標金額を達成しました。

ほっと気が抜けて我に返った瞬間、ものすごい寒気と吐き気がしました。そして、その日から私は40度近い高熱を出して、数日間寝込んでしまいました。

きっと契約をギリギリまで追っていたときは、発熱すらも自分の管理下に置いていたのだと思います。

人は、ギリギリのなかで、折れないメンタルが育まれていくのです。

心を強くするコツ 13

実現可能で幸福な未来図を描く

死にたくなるほどのミスも、誰かに笑い飛ばしてもらう

私は20代前半のころ、NECで会社員として働きながら起業の準備をしてきました。

毎日、膨大な仕事をこなし、なんとか早めに会社を切り上げ、19時から24時まではビジネスのためのトレーニング。翌朝早く出社し、始業を迎える。

このような生活を繰り返し、毎日4時間睡眠が当たり前でした。

そんなある日、やらかしてしまったのです。

前日、仕事をやり切りすぎて、寝たのは夜中の3時過ぎ。意識を失うように寝ました。

朝起きたら、なんだか嫌な予感がします。あきらかに太陽の位置が高く、朝という感じがしない……。

飛び起きて時計を見ると、なんと11時！

会社用の携帯を見ると、上司からの着信が15件。

「終わった……」

上司に電話すると、「小学生じゃないんだから」と呆れ気味。

急いで出社し、上司と面談。

「寝坊もそうだけど、お前、最近おかしいぞ」と説教されました。

「本当にすいませんでした。心を入れ換えます」と、さすがの私も気持ちが引き締まり、気合いを入れて、その日は午後から盛り返すために猛烈に仕事をしました。

少しだけ残業をして、帰り際に上司に、「今日は本当にすいませんでした。また、明日**からよろしくお願いします！**」と声をかけ、帰宅しました。

そして、その日も25時までビジネスに熱中しました。

すると、とんでもないことが起きてしまいました。

次の日、朝起きたら、11時だったのです。

「……死のうかな」

さすがの私も心が折れました。

2日連続の出来事に、さすがに自信を失くした私は、メンターに相談しました。

「もう怖くて会社に行けません。また明日も寝坊したら終わりです」

その話を聞いたメンターは、「よくある！　ガハハハー」とひたすら笑っていました。

最初は、なんで笑っているの？　と思ったのですが、次第に私の心も軽くなり、一緒に笑っていました。一緒に深刻になるわけでも、理屈で教えてくれるわけでもなく、笑い飛ばしてくれたのです。

私のメンターはいつも偉大です。

かつて、別のお弟子さんがメンターの高級車を運転していて、あろうことか車をぶつけてしまったそうです。そのお弟子さんは顔面蒼白、すぐに車を止め、ぶつけてしまった箇所を見て、頭を抱えていたそうです。

すると、後部座席からメンターが降りてきて、そのお弟子さんにひと言。

「行こう。見ても直らないから」

ニコッと笑って、また車に乗り込んだそうです。

とにかく切り替えのスピードが速くて、いつもメンタル回復の仕方を学びます。

深刻にならず、笑い飛ばしてくれる存在がいると、心は折れにくくなるのです。

心を強くするコツ 14

深刻にならず、切り替えのスピードを上げる

「復讐リスト」をつくって、怒りのパワーを使いこなす

いい悪いではありませんが、起業するということは、世間一般的には、**「人と違う選択をする」**ということになります。

私は、もともと会社員です。

両親も会社員ですし、地元もあまりに田舎だったので、東京で起業したという友人もいませんでした。25歳くらいまでに結婚して、安定した暮らしを望む人がほとんどでした。

そんななか、私がいきなり起業するとなったので、まわりの人たちとは、生き方も感覚も選択肢もガラリと変わりました。

たとえば、同窓会のシーンを思い出してください。

どういった話に花が咲きますか？

「昔はこうだったよね？」

「お前、昔と変わらないな！」

そうです。昔と変わらないことに花が咲き、昔と〝変わらないことをよしとする〟風潮があるのです。

でも私は起業していたので、いつも未来を見ています。

同窓会に行っても、私だけが「昔とは違うよ」と、未来に向けた話をします。

すると、まわりは面白くない顔をします。私自身も、いつまでたっても過去の話しかない場にいると退屈でしょうがない、という現象が起きてしまうのです。


ここで何か起こるかというと、まわりからの反対に遭います。

いま思えば笑える話ばかりですが、まわりから反対の言葉を言われた当初は、腹わたが煮えくりかえる思いでした。


「社会人になって3年しか経っていないのに、世の中の何がわかるんだ」

「そんなことをやっても、うまくいく奴なんか一部だよ」

「ていうか、お前には無理だよ」

「お前が成功したら、俺もやるよ」

「お前、急に頭おかしくなった？」

「なんか洗脳された？」

「俺はそんな前向きな話は聞きたくない」

思い返せば、きりがありません。しかもこれらの会話を、すべてバカにしたように笑いながら言われるから、余計にムカつく。

ひとつ学んだことは、「お前が成功したら、俺もやるよ」と言う人間ほど、成功してもやらないということです。そもそも、人は無責任なので、「え？　俺、そんなこと言ったっけ？」と、たいてい言ったことを忘れています。

だから、あなたもそんな友人の軽はずみな発言で一喜一憂したり、心を折ったりしないでください。

相手は覚えていないくらい能天気なのに、自分だけが傷つき、勝手に自己価値を低くして引きずっていくのは、本当にもったいないことなのです。

だから、私は考えました。

まわりの人からの苦言を、紙に書いて記録して、いつも見返すようにしようと。

その名も「復讐リスト」をつくることを決めました。

そして心が折れそうになったときに、いつもこのメモを見返し、「ここで心が折れて、成功をあきらめたら、そいつらの思うツボだ！　あり得ない」と、もう一度心を燃やす材料にしたのです。

たとえば次のようなかたちです。

〈復讐リスト〉

・〇〇くん「お前が成功したら、俺もやるよ」

・△△さん「なんか洗脳された？」

・××くん「俺はそんな前向きな話は聞きたくない」

これが効果てきめんでした。

たとえば、朝起きるときに「もうちょっと寝たい」「今日くらいグダグダしてもいいんじゃないか」と思うことがあっても、復讐リストを読むと、反対してきた人たちが「やーいやーい！　やっぱりお前には無理だー」と叫んでいるように聞こえてくるのです。

その瞬間、怒りで一気に目が覚めます。

弱気になりそうなときに、いつもその復讐リストを、相手の表情やシーンを思い浮かべながら見返すことで、１００％心が折れることはなくなります。

そして、この話には続きがあります。

事業の立ち上げ当初は、ほとんどが「怒りパワー」だけでした。それがある程度満たされてくると、不思議と「怒りパワー」は和らぎ、そもそも復讐する気がなくなるのです。

むしろ、この復讐リストのおかげで心が折れなくて済んだので、「復讐リスト」が「ありがとうリスト」に変わっていくのです。

心を強くするコツ 15

まわりからの苦言を、自分のための力に変える

あなたにとっての「ウルトラの星」を持つ

当時、私にとってメンターのセミナーは「ウルトラの星」でした。

そう、あの「ウルトラマン」のウルトラの星です……と言われても、いまの20代の人にはわからないかもしれないので説明します。

ウルトラマンは、地上で戦うことができる時間が3分間しかありません。なので、制限時間の3分に近づくと、ピコン、ピコン、ピコンとアラーム音が鳴り始めます。

無事に敵との戦いを終え、体力が限界ギリギリのなか、ウルトラの父と母の待つウルトラの星へ帰ってきます。

ウルトラの星では、父と母が優しく出迎えてくれて「よく戦った」と承認してくれます。兄弟であるウルトラマンセブンやウルトラマンタロウも、ほかの敵と戦っています。「今日はこんな戦いだった」と、その他の大勢の仲間も同じように集まってきます。

このウルトラの星が、僕にとってメンターのセミナーでした。

メンターのセミナーは、基本的には土日に開催されていました。

1週間ビジネスの現場で戦い終えた私は、肉体的にも精神的にもダメージを負い、ピコン、ピコンとアラーム音が鳴りながら、ギリギリの状態でセミナーに行きました。

そこでウルトラの父や母（メンターのこと）と会い、兄弟（仲間のこと）と会い、ポジティブな言葉やエネルギーを浴び、元気に復活して、また翌週のビジネスという戦場に行っていました。

早いときは、もう火曜日か水曜日くらいでピコンピコンと鳴り始めるので、週の半ばにもメンターに会ってもらうこともしばしば。

これと似た体験は、あなたのなかにもあるのではないでしょうか？

たとえば会社でピコンピコンと鳴り、家に帰って子どもや奥さんの笑顔を見ると一気に癒され、ウルトラの星に帰ってきた感覚になる人、地元の集まりがウルトラの星の人、休日の草野球がウルトラの星の人、など。

私の友人に、会社でピコンピコンと鳴っても、「キャバクラが俺のウルトラの星だから」と言っている人もいました。

私は、起業して11年で何が一番よかったことかと聞かれたら、「**一緒に目標を目指す仲間がたくさんできたこと**」と即答します。

社員、スタッフ、講演会やオンラインサロンの会員さんなど、いまでは毎月300人近い仲間と楽しく学べていることが、何よりもの宝です。

一生懸命がんばってきて、ふと後ろを振り返ったときに、「権藤。このやろう、一生恨んでやる」と、屍《しかばね》の山だったら嫌ですよね？

そうではなく、ふと弱気になって心が折れかけたとき、後ろを振り返ったら、いい顔をしてついてきてくれる仲間が300人もいるのです。

人は、自分のためよりも仲間のために動いたほうが、力が入ります。

素敵な仲間がいるおかげで、メンタルはキープできるのです。

心を強くするコツ 16

一緒に目標を目指せる仲間をつくる

Chapter 5

メンタルレベルを保つ「シンプル」

かつ「普遍」の習慣

強い心を持っている人、メンタルがブレない人ほど、やっていることはシンプルかつ普遍です。ここでご紹介する習慣は、たとえ時代が変わったとしても役に立つはずです。

とにかくシンプルに考える

高校野球の春の甲子園は、どうしても夏の甲子園に比べると、盛り上がりに欠けるイメージがありませんか？　もちろん選手も全力でやっているでしょうし、盛り上がっているはずですが、確かにメディアの取り上げ方などを見ると、夏のほうが盛り上がっている印象があります。

これについて、以前聞いた話です。

さまざまなスポーツライターが、

「3年生が卒業しているから」

「夏は炎天下というドラマ性があるから」

などと、春の甲子園が盛り上がらない理由を挙げます。

でも、最大の理由は「参加ルールの客観的明確さ」にあるというのです。

誰が見てもよくわかるルールかどうか、見る人によってはよくわからないルールになっていないか、ということです。

夏の甲子園は、ものすごくわかりやすい。

各都道府県から1校、トーナメントで勝ち上がった各地の優勝校が出てきて、その優勝校同士でトーナメントを競う。どれだけ強くても負けたらその時点で退場。どれだけ弱くても勝てたら上に上がる。どんな理由があれ、その試合に勝ったか負けたかで、1位を競うという参加ルールの明確さがあります。

それに比べて春の甲子園は、夏の甲子園との差別化を図りたいのか、選抜のため選考委員会によって出場校が選択されます。

この選考基準が、何度説明されても意味がわからないのです。

なぜこの学校が選ばれないのか？　という不思議な点が多いし、北信越地方が2校で中国四国地方が5校の枠なのも、明確な根拠が理解しづらい。

さらに「明治神宮大会枠」というよくわからない枠が出てきて、「21世紀枠」というもはや意味不明な枠もあります。

長い歴史があるから、ボランティア活動をがんばっているから、豪雪地帯だから、離島だから――選考基準が野球のこととは完全にかけ離れているのです。

「そんなの、選考委員のさじ加減では？」というルールの不明瞭さがあるので、いつまでもシンプルなルールの夏の甲子園より盛り上がることはないのではないかと思います。

主催者は面白がっているのかもしれませんが、高校野球ファンに話を聞いても「21世紀枠ができてから、面白くてしょうがない」という感想は出てきません。

客観的に明確なルールを使うのは、PR戦略の王道と言われます。「日本一」とか「日本初」といった特徴は何よりも目を引くPR要素ですが、実力のないPR会社は、無理やりにでもこれを引き出そうとします。

「〇〇分野において、一社単独としての開発では日本初の商品（ただし□□を除く）」というように〝日本初〟を言いたいのだけれど、ものすごく範囲の条件がややこしい、というものを用意する会社がよくあります。**本人たちにはそれが画期的ではあっても、世間の人にはまったく意味がわからないのです。**

イベントを企画しても、企画者が少しでも盛り上げたいと思うからなのか、余計なルールを取り入れてしまう場合があります。

たとえば、「鳥人間コンテスト」の人気が高いのは、飛行時間がもっとも長ければ優勝、というものすごく客観的に明確なルールがあるからです。
ところが各地でおこなわれる、似たようなイベントは、何かの格好をして5キロを走るという競技に、「仮装の面白さや元気さもポイントになります」といった、よくわからないルールを入れてしまいます。こうなると、盛り上がっているように見えてもじつは浸透しません。

明確なルールでなければ、全員がそこに向かって全力を注がなくなるので、企画の方向性がだらけてくるのです。

保育園の運動会で園長先生が出てきて、「みんながんばったので、全員1位！」と言って、競技結果をめちゃくちゃにするようなものです。
このように明確ではないルールを取り入れると、その場でちょっとした盛り上がりはあるかもしれませんが、大きな結果は出にくくなります。

審査員がいるコンテストのような企画も同様です。審査員を誰にするか、ということばかりに力を入れる企画者も多いですが、審査をするという時点で、じつはルールが不明瞭になっています。

数年前に、どこかの都道府県の写真コンテストで、クジラの死骸の上に人間が乗った写真が最優秀賞になったことがあります。

それはプロのカメラマンが審査員だったらしいのですが、世間の「動物虐待では？」という批判を受けて〝最優秀賞は該当者なし〟に変更されました。

「このカメラマンが一番といえば、それが一番なんだ」という明確なルールのように思えますが、世間の批判がきたら「やっぱり一番じゃありません」というルールも加わっているわけで、まったくコンテストの意義がないわけです。

じゃあウェブ投票か何かにすればいいのでは？　と思いますが、ウェブ投票などにすると不正投票が多くなるといって、ほとんどの企画者は敬遠するそうです。

しかし本来は、不正投票が多いかどうかということよりも、まず「ルールが明確かどうか」が最重要事項のはずです。順番を決めること、優劣を競うことを企画に盛り込む場合は、とにかく「ルールが客観的に明確かどうか」です。

この最重要事項を揺るがすような人は、自分ではいろいろな企画要素を盛り込んでいるので、仕事をしているつもりになっていますが、実際にはかき乱しているだけです。

「ルールが客観的に明確かどうか」は、徹底的に考え抜かなければなりません。


私はビジネスを友だちづくりの延長のようなものだと、よく説明します。

極論を言うと、友だちをつくることができれば集客できるからです。あとは、その友だちのなかで、あなたのサービスを求めている人を探すだけ。非常にシンプルです。

私は、あるときメンターに、

「集客の準備をしてから、起業しなさい。そもそも起業してから集客する意味がわからない。それは例えるなら、ウンコしてからパンツ脱ぐようなものだよ。順番が違う」

と教えてもらったことがあります。

こんな話をすると、なかには、

「もっと深くていい話が聞けると思ったのに、結局は友だちづくりですか?」

「ビジネスって、もっとカッコよくて、深い学びなんじゃないんですか?」

と言ってくる人もいます。

そんな人に、「まず友だちを100人つくってから言ってみたら?」と言っても、ほとんどの人はやりません。

理由は簡単です。

深い学びは、具体的に実行しにくいからです。深い学び、カッコいい学び、抽象的な学びばかり追っている人は、行動していない人です。

行動にコミットしている人は、必ずシンプルに置き換えているし、メンタルがブレません。だから秒速で結果をつくるのです。

複雑な人は遅いです。シンプルに考える人になりましょう。

心を強くするコツ 17

ルールを客観的に明確にする

答えは「YES」か「NO」か。まわりくどい会話はやめる

シンプルにするということは、コミュニケーションにおいても大事です。

メンタルが弱く、いつもウジウジしている人は、会話もまわりくどい傾向にあります。

たとえば、質問に対して答える。これはすごく簡単なことのようですが、実際にはできていないというケースをよく見ます。

答えがもっとも単純な質問は、「はい」と「いいえ」の2種類だけで答えることができる質問です。

ところが、こんな簡単な答えを無意識のうちに難しくしようとする人がいます。

こんな感じです。

Aさん「こういう仕事だけど、あなたならできますか？」

Bさん「できるも何も、私はいままで10件以上は担当してきましたよ」

Aさんは「できるか」「できないか」が知りたいから、「はい」か「いいえ」を言えば終わりなのに、余計な情報を加えて、肝心のことを言っていないのです。

「いや、それは誰が聞いてもYESの意味でしょ」と思われるかもしれませんが、尋ねたほうは2つの答えのうちのどちらかを聞いて、即時に次のことを判断したいのですから、ものすごく余計な寄り道なのです。

ほかにも選択肢があるとすれば「わかりません」と「聞こえなかったので、もう一度お願いします」くらいのはず。ほんの数秒のことと思うかもしれませんが、この数秒のロスが大きいのです。

短く済む話をわざわざ短くしないというのは、無駄以外の何ものでもありません。

Aさん「あの件、用意できた?」

Bさん「あれはC先輩にも手伝ってもらったんですが……」

Aさん「来期のこの予算は、何万円なの?」

Bさん「来年はけっこう苦戦が予想されますので……」

Aさん「探してもらっていたアレ、見つかった？」
Bさん「全力で探してはいるのですが……」

このように、必要最低限のことを答えられないという人はかなり多くいるのです。

軍隊などでは、このような「返事の明確化」は基礎的なこととして叩き込まれます。

余計な情報は判断ミスを生むし、1秒単位のロスが死を招くからです。

ギリギリの極限で戦っている人たちには、余計な情報が挟まることは、百害あって一利なしなのです。

それを考えると、明確に済ませられる回答にわざわざ余計な情報を挟んでくる人、まずその必要な回答から伝えられない人は、生ぬるい意識の世界にいるということです。

そんな生ぬるい感覚でいるから、メンタルもブレてしまうのです。

明確に伝えなければ貴重な時間をロスしてしまう、正確に瞬時に理解してもらわなければ余計なロスが増えてしまう、という鋭い意識がないのです。

だから、言われたことに瞬時に明確に答えるというのはいつも心に留めなければなりませんし、また、全社的にそういうスピード感のあるコミュニケーションを心がけなければなりません。

できない理由を連呼されるコミュニケーションも本当に無駄です。

「それはできません」「それもできません」「それをやったことがありません」「お金がありません」「時間がありません」「勇気がありません」「もう少し考えさせてください」……だめです。無駄なのでやめてください。

コミュニケーションの基本はこれです。

- **物事を前進させること**
- **物事に期限を付けること**
- **マメになること**
- **スピードを重視すること**
- **まず「やる！」と答え、そして実際にやること**

- **振り切ること**
- **物事をシンプルにすること**
- **物事を置き換えて考える癖をつけること**
- **LINE・メールの返信はマッハで終えること**

心を強くするコツ 18

端的な回答を心がける

端的に「YES」か「NO」で答え、そのほかの無駄な会話は省き、秒速でコミュニケーションを前進させましょう。端的に会話できる人が、他人に振り回されることなく、自分の軸とメンタルがブレない人なのです。

全人格を懸けて、言ったことは必ずやる

11年前の事業立ち上げ時期から、いまでもずっと私の軸となっていること。

それは、「言ったことは必ずやる」ということです。

あなたは普段、言ったことをできなかった自分に対して、どのように思っているでしょうか？　どれだけ恥ずかしいことだと思っていますか？

人は、自分との約束を守れると自信がつきます。

言ったことをやるというのは、そのためのシンプルかつ普遍な方法なのです。

とくに成功している人ほど、言ったことを外すということに対して、とても恥ずかしいことだと認識しています。

私のメンターは、「言ったこと外すなら、死んだほうがマシ」と言っていました。

さすがに、初めてそのセリフを聞いたときは、自分とのレベルの違いに直面しましたが、いまでは私も同じような感覚です。

「**全人格を懸けて、言ったことは達成する**」

これがすべてです。

私は自分のことが大好きです。

自分を裏切りたくないし、傷つけたくありません。

言ったことをやらないというのは、自分のことを大事にしていないようなものです。これは非常に不誠実だと思います。

もし、「自分は言ったことをあまりやれていないなあ」と思うのであれば、もっと自分のことを大事にしましょう。

仕事も恋愛もそうです。

自分のことが大好きではない人には、他人のことを大好きになることもできません。

そして、自分を好きでいようと思うなら、目標達成は必ずしましょう。目標を達成できない自分を好きになれるわけがないからです。

自分との約束を守ることは、人生の本質です。

私がビジネスパートナーや社員・スタッフと会社を大きくしてこられた一番の理由は、

お互いに言ったことをやり切り、自分で自分を勝利に導くことにこだわっているからです。

お互いに勝っている者同士がバディシップを組んだら、最強だと思いませんか？


鳥は鳥を背負って飛べません。

誰かに頼っている依存関係では、秒速で成果に向かうどころか、スピードは鈍化します。

自分との約束を守り、その価値観を生きる仲間が集まってきたときに、組織は拡張し、成果につながっていきます。

そしてそれが、強いメンタルをつくっていくうえでは大事になってくるのです。

心を強くするコツ 19

自分で責任を持って、やり切る

手段はあとでいい。結果を先に決めてしまう

いま思い返せば、私はメンタルを回復させようと意識したことはほとんどありませんでした。ではなぜ、折れたメンタルを何度も復活させることができるのか？

それは〝決めているから〟だと思います。

もっとも大切なことは、あなたが決めることです。

ダイエットに失敗する花嫁はいるでしょうか？

いや、ほとんどいません。花嫁は必ずダイエットに成功します。

なぜなら、一生に一度の晴れ舞台だからです。

「何が効果的かな？　食事制限かな？　有酸素運動かな？　18時以降食べないことかな？ビリーズブートキャンプかな？」

このように手段ばかりに意識がいって模索していても、何よりあなたが結果を決めていないと、手段には意味がありません。

花嫁は「手段はなんでもいい。とにかく痩せる」と決めているから達成するのです。

決めていると、たとえ失敗しても、わざわざ凹むという感情を選択しません。

失敗しても、「次は、どうやったらうまくいくのだろうか？」と自分に問いかけるので、意識が常に前向きになるのです。

昨今のテレビ番組では、ゴールデンタイムは、毎日のようにクイズ番組が放送されています。なぜだと思いますか？

ＣＭに入る前に、よく司会の人が「答えはＣＭのあとで！」と言います。

テレビ番組の制作費は、スポンサーの会社から出ています。ＣＭ中にチャンネルを変えられてしまうと、スポンサー会社からすると、たまったものではありません。

そこで、視聴者にＣＭを見てもらうために効果的な番組が、クイズ番組なのです。

クイズ番組の場合、ＣＭに入っても、

「ねえ？　答えわかった？」

「お父さんはAだと思うな」

「そう？　私はCかな」

というような会話が始まり、正解が気になって仕方ない状態がつくれます。だから、ＣＭに入ったからといってチャンネルを変えることがないのです。

そう、人は問いかけられると、ずっとその答えを探し求める生き物なのです。

事業の立ち上げで大事なことは、先に結果をつくると決めてしまうことだと思います。のたうちまわりたくて、のたうちまわっているのではありません。決めているから、のたうちまわるのです。

振り返れば、私も事業立ち上げ当時は、24時間、どんな瞬間も「どうやったら成功するのだろう?」と考え続けていました。頭がパンクして割れるほどに、です。シャワーを浴びていても、お布団についていていても、アイデアが思い浮かべば、布団から飛び起き、すぐにメモをする。こういった行動は日常茶飯事でした。

うまくいくか、いかないかの差は、才能の差ではなく執念の差かもしれません。

のたうちまわってでも、執念深くなってでも、達成すると決めることとです。その状態が、「なんでもやる、何にでもなる、できるまでやる、とことんやる」とコミットメントしている状態です。一切の言い訳なし。結果をつくると腹をくくりましょう。

心を強くするコツ 20

結果にコミットする

周囲に振り回されることなく、いまこの瞬間を生きる

強いメンタルになるためには〝決めている〟こととお伝えしました。

つまり本質からブレずに、いつも物事を選択できるかがすべてです。

ある人から、**「人生の目的は勝つことだ」**と教えてもらいました。

勝ち方は、まずは自分が勝つこと。

すなわち、自分で決めたことに対して、目標達成していることです。

相手を勝たせることは、我々の管理下にありません。自分で自分を勝利に導ける人のみが、同じように自分で自分を勝利に導こうとしている最高のバディ（仲間）と出会うことができるのです。

私はこの価値観が大好きです。

「馬を水飲み場に連れて行くことはできるが、馬に水を飲ませることはできない」

相手は管理下にないとは、こういうことです。

ただ、こうも教わりました。

「馬の横で美味しそうに水を飲むことはできる」

これこそがまさに、相手の自己決断を引き出す関わり方です。

私は、メンターに初めて会ったとき、すごく柔らかくて謙虚な方だという印象を受けたのを覚えています。それまでの私の経営者のイメージは、上から目線で自分を否定してきて、偉そうなものだと思っていました。

しかし、メンターはとてもフラットで、言葉がすっと入ってきたのです。それがなぜなのか、メンターに聞いたことがあったのですが、答えはこうでした。

「だって、僕もいまこの瞬間たくさんチャレンジしていて、心が折れているからね。ボロボロだよ。ステージは違えど、これから先の高い目標達成に向け、チャレンジしている角度は君と一緒だからね」

響きました。まさに上がった人ではなく、いまこの瞬間も現役度が高いのです。

私の理想もそこです。

プロ野球のオールスターゲームでは、解説者が現役の選手のことが多いです。

普段のプロ野球中継ではOBが解説をしていますが、オールスター中は、ゲームに出ていない現役選手が解説をするのです。

私は、その解説が大好きです。

なぜなら、いまこの瞬間を戦っている人の言葉だからです。

過去どれだけすごかったとしても、現役を引退している人より、いま行動している人が強いのは当たり前です。

私のメンターは莫大な資産を築いているにもかかわらず、毎年こう言っています。

「**私はこの1年、全人格と全資産を突っ込んで、勝負する**」

過去の資産に乗っかって、過去の資産を食いつぶしながら生きる気ゼロなのです。

決めている人は、いまこの瞬間の目標達成に100%参加している人です。そんな人のメンタルがブレないのは、言うまでもないでしょう。

心を強くするコツ 21

相手主導ではなく、自分が行動する

自分と向き合い、自分と会話する

僧侶が座禅を組む理由、それは「**無駄な反応をなくすため**」と聞いたことがあります。

昔と違って、いまはスマホやパソコン、SNSやアプリニュースなど、大量の情報であふれ、次から次へと情報が飛び込んできます。

それにより反応せざる得ない状況が起きてしまい、いちいち反応してしまっている間に心が疲れやすくなり、心が折れやすくなっているようです。

反応せずに、自分の心の状態と向き合って整理していく術は、現代の私たちには必須の習慣かもしれません。

自分と向き合い、自分と会話できる人は心が安定します。

私が子どものころ、野球では読売巨人軍の桑田真澄投手が活躍していました。

「サンデー真澄」と呼ばれ、日曜日に登板していたので、家族でよく観ていました。

桑田投手は、ピンチになったら右手に握ったボールをじっと見つめ、いつもブツブツつぶやいていました。

これが、乱れかけた心や折れかけた心を取り戻している瞬間だったそうです。

普通のピッチャーだと、ピンチになったらパフォーマンスが発揮できずにボコボコ打たれるところを、桑田投手はボールを見つめ、自分と向き合った途端、ピシャッと後続を断ち切り、見事に抑えるのです。

桑田投手がボールを見つめてつぶやいたのは、次のようなことだったそうです。

「お前ならできる」「絶対やれるよ」「お前がやらなきゃ誰がやるんだ」……こんなふうに、自分で自分を応援していたとのこと。

ピンチに陥ったときに大切なのは「俺なんか」「私なんか」と卑下するのではなく、「俺だからこそやれる」「私だからこそできる」と言いきかせること。

これこそが、最強の自信であり、最強のメンタルです。

この習慣は、普段から自分だけの時間をつくり、自分と向き合って、自分と会話することに慣れていないと、すぐにできることではありません。

私は一人の時間が、大好きです。

そして、一人の時間になると、すぐに自分との会話が始まります。

人は、ぼーっとしているときにネガティブになるので、すぐに自分を向上させる会話を始めるのが得策なのです。

成果をつくる人は、この「自分の時間」をつくることにより、その次のアクションをいつも高められるといった特徴があります。

自分と向き合えば向き合うほど、人から何か言われようがブレません。

理由は、自分以上に自分のことを考えている人なんかいないという確信があるからです。

私は、人から何か言われようと、「はい、ありがとうございます」とさわやかに答え、参考意見くらいにしか思っていません。

ただ、魚に水が見えないように、人は自分が見えません。

空気の読めない人間にはなりたくないので、**「この人の意見は、たとえムカついても100%受け入れよう」**という人を、メンター含め何人か周囲に置くようにしています。

あとの人は、ほぼ無視です。他人から何か言われてもブレないくらい、自分と向き合う習慣をつくりましょう。

心を強くするコツ 22

「私なんか……」を捨てて、「私だから！」を拾う

こんな時代だから
こそ、あえて
ハードワークであれ、
アナログであれ

世界ではＧＡＦＡ（Google, Amazon, Facebook, Appleの4社のこと）、日本ではソフトバンクに代表されるように、いまの世界の主流はＩＴの流れに乗ることです。

これは偽りのない事実ですし、今後もＡＩ社会となり、さらにシンギュラリティを迎えていく時代で、どんどん加速していきます。

しかし世の中には、時代の流れによって変わるものと変わらないものがあると思います。

そして、この「変わらないもの」が、あなたの土壌となり、自信となることがあります。

私にとっての変わらないものは、「**ハードワーク**」と「**アナログ**」です。

このワードだけ聞くと、時代の流れと逆流しているように感じると思いますが、私の真意は別のところにあります。

最近、さまざまな書籍で「好きなことだけに熱狂すれば生きていける」「これからはがんばって働く必要がなくなる」といったことを目にします。

これは、本当にそうなのでしょうか？

時間がかかっても非効率な状況を乗り越えることで自力がついたり、好きな仕事でなく

てもやり切ることで自信がついたりします。

私は、ひとつの仕事で成功するには、圧倒的な「ハードワーク」しか再現性のある方法はないと思っています。

人間関係のもとになっているコミュニケーションにおいても、もっとも大事なことは場数をこなし、冒険することです。コミュニケーションは、場数をこなして汗をかくことでしか前進しないのです。効率は求めるものではない、むしろ効率を求めては逆に人間関係が希薄になります。コミュニケーションは非効率だから、仲が深まるのです。

よって、もうひとつの「アナログ」も大事になるのです。

SNSが急速に普及し、フォロワー集めが流行っているなかで、フォロワーが多いことが本当に人生の豊かさにつながるのでしょうか？

実際のところ、数十万人のフォロワーがいる人でも、いざイベントを開いてみると集まるのは数名だけ……という人もよくいます。

デジタルでつながっていても、人の心はつながらないのです。

アナログで人間関係を築き、「人」と「人」としてつながるからこそ、強固な信頼関係はできるのです。

人としてつながるとは、ひと言で言うと「価値観でつながっているか」です。

価値観と方向性が同じだと、必ずいい結果が出ます。

想像してみてください。

自分だけでは到底動かないであろう、大きな岩をあなたはこれから押します。

一人では動かないので、仲間を集めて、押さなければなりません。

仲間集めをしていくなかでもっとも大事なこと、それは同じ方向から岩を押す仲間を増やすことです。

すなわち同じ価値観で、同じ方向に向かう仲間が大事だということです。

もし仮に1000人の仲間が集まったとしても、**「俺はこっちから岩を押したい」「私は、もっとあっちから岩を押したい」**というように、少しでも違う方向から岩を押そうとすると岩は動きません。

フォロワーが1000人いても、リアルイベントで人が集まらない理由は、この集めた1000人がバラバラの価値観の人だからです。

デジタルでは人の価値観までは測れません。

でも、1人でも価値観と方向性がバッチリの仲間ができたらどうですか？

少しは動くかもしれません。

だから、1000人の方向性がバラバラの仲間よりも、1人の価値観の合う仲間を見つけるほうが大切なのです。


私は、仕事の売り文句で、いつもこのように言っています。


「私が『1時間後に事務所に緊急招集！』とメールを投げると、300人が集まってくれます。私のことを優先順位ナンバー1だと思ってくれている人が300人いるからです。

たとえ仕事中でも、外で飲んでいても、家でドラマ見ていても、彼らは来てくれます。

『権藤さんが言うなら』と動いてくれるのです。それが私の強みです」

まだまだ大きな実績もつくってない若造が生意気だとは思いますが、これは本当のことです。これを商売に置き換えたら集客になるので、私は商売くらい、いつでもうまくいくという考えなのです。

これらもハードワークとアナログで手にした成果です。

ハードワークで汗を流し、アナログで人とつながっていく。

そして、万人ウケを狙って無難にいくのではなく、1000分の1の真実の仲間に出会う過程で、心は強くなるのです。

心を強くするコツ 23

汗を流し、人とつながる

Last Chapter

人生を

人生を飛躍させる「不屈」の精神

ここまで語ってきたように、人生を飛躍させるためには何度も立ち上がれる心の強さを手に入れることです。それはボクシングパットのように打たれても跳ね上がってくる「不屈の精神」のことを言います。そんな不屈の精神を手に入れるために必要なことを、最終章では紹介したいと思います。

すっぱいレモネードを
出されたら、自分で
シロップを足せば
いいんじゃない？

不屈のメンタルを得るために日頃から意識していることは、常に **〝すっぱいレモネードを飲んでいることに、ムカついている状態〟** になっているかということです。

どういうことか説明します。

大尊敬する研修トレーナーから、こう教えていただいたことがあります。

「成功への道のりは、すっぱいレモネードにシロップを足して、理想の味に近づける作業に似ている」

私は、この話を聞いたとき衝撃を受けました。

理想の味とは、すわはちあなたの願望です。その理想の状態に近づけるために、日々「努力」というシロップを徐々に足していくというのです。

この研修トレーナーの話を受け、私のメンターはこう付け足しました。

「そして理想の味になったら、そこで満足しないで、さらにレモン水を足して、さらなるチャレンジをしよう」

そう、次のステージに向かうのです。

まさに野球のイチロー選手のような状態です。

達成は、達成した時点で過去のこと。

さらなるステージへ向けて、自分と向き合っていく。

私のメンターはよく、「万年不満足でいい」と言います。

だから私はいつもこう仲間に定義づけています。

「成長するということ、自分を磨き続けるということは、いつもすっぱいレモネードにイライラしている状態になっているということだ」と。

こんな人生、最高だと思いませんか?


会社員も、経営者も、芸能人もプロアスリートも、魅力的な人は毎日、すっぱいレモネードにイライラしているのです。

このしんどいプロセスすら好きになっていかないと、本当に目指したいものを目指すときに、つらくなって負けてしまいます。

だから、「成功＝嬉しい」「失敗＝落ち込む」というふうに左右される生き方ではなく、どんな状態でもニコニコしながら、いつも心は絶好調と言えるメンタルを獲得することが、もっとも成功しやすいのです。

いいですか？

毎日あまいレモネードばかり飲んでいては、強い心は手に入りません。

あなたのレモネードは、いま、すっぱいですか？

心を強くするコツ 24

常に満足していない状態でいる

自分に強烈な負荷をかけることを、いとわない

「どういう人が、成功すると思いますか？」

「どういう人が、メンタル回復が早い人ですか？」

私が主宰する起業塾で、よくこのような質問を受けます。

その問いに対して、私は決まって「負荷に強い人です」と答えます。

追い風のときは、みんなに好条件なので、結果にそれほど差がつきません。

人と差がつくのは、向かい風のときです。

向かい風になると、人の本性が剥き身に現れ、行動に大きな差が生じます。

行動が鈍る人は、向かい風に対して、「最悪」と反応し、「つらいこと」と認識し、「凹む」という感情を選択します。

でも、これらはすべてあなたが選択している感情なのです。

逆に、向かい風になっても行動が鈍らない人もいます。その人たちは、向かい風がくるとニヤニヤし始め、興奮してくるという選択をします。

私も同様に、興奮してくる人です。

むしろテンションが上がり、行動が鈍るどころか、逆に行動が加速してしまうときもあります。

失敗を喜ぶ貧乏神にとって、このような人間は本当に厄介だと思います。

どんなに負荷がかかっても小躍りして喜んでしまうし、向かい風でも逆にテンションが上がってしまうし、あきらめ癖がないからです。

負荷に強い人は、線が太いのです。

成功には、「強烈な負荷」か「強烈な願望」が必要です。

私は起業して11年になりますが、じつはまだ会社員のときから、毎月15万円以上の自己投資をするという負荷を自分に課してきました。

投資には3つあります。

（1）株式投資
（2）不動産投資
（3）自己投資

私のようにもともと自信がない人は、「投資」と聞くだけで危ないものというイメージがあり、手を出そうとしません。

なぜなら、お金をかけた分の回収ができる自信がないからです。

そんな自信がない方に、絶対にオススメなのが自己投資です。

なぜなら、自己投資だけが、100%リターンのある投資だからです。

いまの私をつくっているのも、間違いなく毎月15万円の自己投資だったと言えます。

見た目・健康・読書・セミナー・能力開発の研修……など、さまざまなものに自己投資してきました。

いまオンラインサロン「モテモテ塾」を主宰し、多くの人を巻き込めているのも、若々しくいるために見た目や健康にたくさん自己投資してきたからです。

私のメンターは筋肉ムキムキで、仲間想いで、プロ意識が高く、魅力的な人です。

そんなメンターがイベントを開くと、1万人～2万人の人が集まります。

メンターは、「僕の老後は安泰だ。だって、1万人が1万円ずつ僕にカンパしてくれるだけで、1億円おこづかいが入るんだから」と、よく冗談で言っています。

しかし、冗談のようで、これは人生の豊かさの本質のような気がするのです。

磨くべきものは、見た目と人脈です。

私にとって自己投資は、「10年後の自分に喜ばれること」をしている感覚です。

いま私は36歳ですが、ありがたいことに「若々しいですね」「さわやかですね」と言われることが多いです。

それもこれも、26歳でまだまわりの友人も健康のことなんか考えていないときに、私だけがあえて10年後の自分のために自己投資していたからです。いまになって、「26歳の自分、**ナイス！**」と言ってあげたいです。

だからいまでも、10年後の46歳の自分のためにたくさん投資をしています。

私が尊敬する、きずな出版の櫻井秀勲社長のように、88歳になっても「モテモテ」と言われたいからです。そのために見た目・健康・能力開発に、これからも自己投資しようと思っています。

しかし、会社員のときの自己投資15万円は、決して簡単にできるものではありませんでした。収入は、当時の手取りで22万円だったので、支出を7万円に抑えないといけなかったのです。

九州から上京してきたばかりの私は、東京の三軒茶屋に住んでみたいという願望があり、駅前5分の物件に住んで家賃を9万5000円も支払っていました。

この家賃こそが一番の無駄だと思いなおし、ルームシェアに切り替え、家賃を3万円以内に抑えました。

交通手段も電車ではなく自転車、生命保険も解約、通信料も見直し、固定費を下げるところまで下げました。

そして、最大の天敵は食費であったので、コンビニ通いをやめ、実家から送られてくるお米を炊いておにぎりを持っていったり、水筒を持参したり――。もちろんお酒もほとんど飲みませんでした。

そこまでしても支出が7万円で抑えられないときは、新たにバイトをしたりパーティを主催して上がった売上げをおこづかいにしたりと、プラスアルファのキャッシュフローをつくり出すことにこだわりました。

そこまでしてつくったお金を垂れ流しにすることは許されないので、自己投資した分は取り返そうと行動が喚起され、成果思考になれたことが大きかったです。

人は、お金を掛けた分、取り返そうとします。

やばい！　と追い込まれないとやらないのです。

20代の遊びたい時期に、そこまでして毎月絞り出して自己投資してきたので、それは見た目も人脈もコミュニケーションも、同世代に負けるわけがありません。

むしろ、負けることは許されません。

こだわって自己投資してきた経験が、いまの私の高いセルフイメージになっているのです。

この自己投資という負荷は、間違いなく私の行動に火をつけました。

「今日くらいはいいかな……」とサボりたくなっても、

「いや、俺15万円も掛けているんだった。もっとやらなきゃ」

「早く成功して取り返したい」

とスピードアップさせる要因となりました。

スピードは熱を生みます。

強靭なメンタルには負荷が必要です。負荷の強い向かい風であろうが、それでも結果をつくれる人こそ、本当の実力者です。

自分さえいれば何をやってもうまくいく人とは、向かい風であっても結果をつくれる人のことをいうのです。

あなたもあきらめ癖が悪い、しつこい人になりましょう。

心を強くするコツ 25

少し無理をしてでも、自己投資をする

不安や恐れは、学びや笑いに変える

チャレンジをするとき、期待と不安は両方あって当然です。

ただし、不安や恐れから選択しているとき、人はぎこちなく、そして頑なになります。

不安は、**「いまの延長線上でうまくいくのか?」**という「未来」からくるものです。

それに対し、恐れは「過去」からくるものです。「いままでうまくいかなかった、だか**らこれからもうまくいかない」**という感覚です。

私は、塾生が恐れから物事を選択しているとき、よく叱ります。

「変わりたい！　と言っておきながら、それはないだろ」と。

不安は未来からくるものなので、あっていいでしょう。

大事なことは不安や恐れを何に変えるか、なのです。

不屈のメンタルを持つ人は、不安や恐れを何かに変えるのがうまいのです。

「学び」に変えたり、「笑い」に変えたり、楽しんでいるのです。

その結果、可能性からのみ選べるようになり、物事が前進していくのです。

アクセルは可能性、ブレーキは不安と恐れです。

不屈のメンタルの持ち主は、可能性からのみ選びます。

自分の可能性を信じているからこそ、人の可能性も信じることができます。

組織で上に立つ方で、

「自分はできたけど、同じ基準でパートナーや社員・スタッフはできるのだろうか？」と思いながら関わっている方がいたとするなら、それはとても失礼だと思います。それでは絶対に人は育ちません。人を信じるのには強い心がいります。でも人を信じると、いいことがたくさんあります。

・飲み会で、いつもメガネをビールジョッキに入れられてイジられ、酔っ払って3回カバンを失くして始末書を書いた塾生
・講演会などで「前へどうぞ」と呼んでも、人前に出ることが恥ずかしくていつもおびえていた塾生
・群馬の田舎から出てきた当初、田舎ヤンキー風に後ろ髪を伸ばしていて、ひと言もコミュニケーションが取れなかった塾生
・ひと言も笑わず、まわりを警戒して、突っ張っていて、なかなか心を開かなかった塾生

・俳優を目指して、一度も就職したことがなかった塾生
・母親からご飯をつくってもらったことがなく、人の心がわからなかった塾生
・何度も「辞める」「もう無理」と言いながら、手を引っ張って、なんとかがんばってきた塾生

彼らは全員、いま独立・起業しています。ほかにもたくさんの人が成功しました。

人は豊かで大きいです。粘り強く関われば、絶対どこかでブレイクスルーします。

私は、「**もしかしたら目の前の人は、自分の価値観や枠にも収まらないほどの可能性に満ちた人なのかもしれない**」といつも思いながら、ワクワクして人と関わっています。

自分にも人にも、可能性からアクセルベタ踏みで、ブレーキは引っこ抜きましょう。

心を強くするコツ 26

人の可能性を信じる

大切な人に祝福を、
本当のあなたに
正直さを

「成功は祝福」という言葉がありますが、私は身近な大切な人のために「祝福」をすることこそ、強い心をつくるうえでは大切なことだと思っています。

そのわかりやすい例は、親孝行です。

私は28歳のときに父親を失くし、いまは母親のために親孝行をしています。

あなたが思う親孝行とは、どんなものですか？

「親を旅行に連れて行きたい」

「親に仕送りをしたい」

など、いろいろとあると思います。親孝行をするようになって気づいたことは、親孝行には4つのステップがあるということです。

・ステップ1：親を安心させる段階

私も社会人になりたてのころや起業したてのころは、親に心配されていました。

「ほしいものある？　お米、送ろうか？」

「起業なんていいから、ＮＥＣでそのまま安定して働いてほしい」

さんざん言われてきました。ですので、私の最初の段階は、まず一人前の大人として対等に見られ、きちんと稼いで、親に安心してもらうということでした。

・ステップ2：親にプレゼントできる段階

最初は、「プレゼントなんかいいから、あんたは大丈夫なの？」とよく言われていましたが、いまでは「ありがとう」と、プレゼントを受け取ってもらえるようになりました。

そのことにより、海外旅行やブランド品や仕送りなど、本来私がやりたかった親孝行ができるようになりました。ポイントは、「本来、子どもがやりたかったこと」が実現しただけ、ということ。「親が望んでいたこと」ではなく、迷惑ばかりかけてきた親にしてあげたいという気持ちからくる、「自分自身がしたいこと」なのです。

そういう意味で、このステップ2までは「For Me」な理由だと言えるでしょう。

・ステップ3：親が自慢できる段階

私の母親の趣味は、私の講演会に出席することです。

私は、毎月累計2000人ほどの前で講演をしています。

最近では、「次はどこに行きたい？」と聞いても、「あなたの講演会に行きたい」とか「あなたのお店を手伝いたい」という回答が多いです。

そして、私の講演会の感想を聞いてみると、母親はこう答えました。

「あんた、たくさんの人のお役に立っているね。しかも、お母さんが子どものころから教えてきたことばかりやん」

あなたの親は、命を懸けて、すべてを犠牲にしてあなたを育ててきました。そんな大事な作品が、実際に人様のお役に立っていることを見ると、「私の教育・育て方は間違いなかった」と確信できるようなのです。

・ステップ4：親に影響を与える段階

そして、いま一番嬉しいことは、母親から、

「あんたを見ていると、私も残された人生、やりたいことなんでもやって、挑戦して過ごさなきゃと思うようになったの」

と言われたことです。

最終段階は、親のメンタルに影響を与えるくらい、自分が軸を持って成果をつくることなのではないのかと思います。このステップ3とステップ4になって、初めて「For You」のステージになったと言えます。

これは親子関係だけでなく、仕事の仲間、家族関係など、すべてに言えることです。

あなたをコピーすると、親は幸せになりますか？

あなたをコピーすると、社員は勝てますか？

あなたをコピーすると、子どもは成功しますか？

あなたは模範となっていますか？　あなたは効果的ですか？

私は、私に関わるすべての人に「影響力」「人間力」「責任感」を発揮したいと考えています。

そうすると、まだまだ力をつける必要があるし、願望がどんどん大きくなるのです。

もちろん、私も最初から、そこまで大きく考えていたわけではありません。

まずは次のことから、考えてみてください。

- **あなたは、10年後、どんな人だと言われたいですか？**
- **あなたは、将来子どもに、どんな父親もしくは母親だと言われたいですか？**
- **あなたは、仕事仲間に、どんな人だと言われたいですか？**
- **あなたは、あなたの葬式で、どんな人だったと言われたいですか？**

これを考えるだけでも、ヒントが眠っているのではないでしょうか。

「本当は、あなたはどうなりたい？」

そのことに正直になり、不屈のメンタルを身につけるために、チャレンジしませんか？

心を強くするコツ 27

大切なあの人のために「どうなりたいか」を考えてみる

始まったばかりで、「終わった」なんて言うな

「私はこんな資格しか持ってない」

「私はこんな勉強しかしてこなかった」

「私はこんなタイプの人間だから」

あなたは、いまの自分で、どれだけ決めつけていますか？　私も昔は自分の可能性にフタをして、よくこのようなことを言ってしまっていました。

以前、このように言われたことがあります。


「権藤くんって、いま25歳だよね？　もし権藤くんが100歳まで生きるとするなら、いま権藤くんは、まだ1／4しか生きていないんだよ。1日24時間で例えると、1／4ってまだ朝の6時だよ？　朝6時の時点で、『あー。もう俺の1日終わったー』って言う人がいると思う？」


衝撃でした。

これが、私がいまでもチャレンジする理由です。

いま私は36歳なので、先ほどの話でいうと、まだ午前9時前です。

20代で、「**自分の人生こんなものだ**」と決めつけなくて、本当によかったなと思います。

「**大事な20代・30代だからこそ、**いましかできない、好きなことをして過ごしたい」

こういう価値観もあるでしょう。

人の価値観を裁くことなんか誰にもできないので、それもありだと思います。

ただ、私は「いまこそ理想の自分になるために努力する。だって残りの人生まだ60年もあるんだから」と思うようにしています。

経営者の世界では、死ぬまでチャレンジするカッコいい大人がたくさんいます。

そんな世界では、30代はまだ赤ん坊みたいなものです。

ここからなのです。

すでに人生悟ったように、落ち着いている場合ではありません。偉そうに経験を語っている場合ではありません。

「たかが30代ごときで、勝手に自分の可能性にフタをしたくない。まだまだ成長したい。魅力的になりたい。力をつけたい」

私は、これからもずっとこの価値観で生きます。

そして、いつも年末にお酒を飲むときには、「**この1年は、これまでの人生のなかで最高の1年だった**」と言うことを更新し続けます。

起業した25歳のころからは、いまの生活や実績は想像もできませんでした。

ましてや、自分がここまで心が強い人間になるとは想定外でした。

もちろん、チャレンジしているとマイナスな想定外も嫌になるほどあります。

ただ、人生は想定外だから面白い。

プラスにもマイナスにも思い通りにいかないから、自分の人生に興味があります。

人生は、仲間との出会い、メンターとの出会い、あらゆる事件との出会い、そのときの選択によって、大きく変わります。

私は、自分が変わり続けた11年間にも感動していますし、この先の60年間が楽しみで仕方ありません。

人は変わる。
だから、私は変わり続ける自分をこれからも楽しんでいきます。
「自分を楽しむ」という感覚になったら、これはもう強いです。
あなたはブレることなく、不屈のメンタルで生きていくことができるでしょう。
あなたの人生、あなたの手で、いまよりも最高のものにしていきましょう。

心を強くするコツ 28

あなたという人生を、全力で楽しむ

最後に、私の大好きなこの話を、あなたに贈ります。

―「7人のサンタクロース」―

クリスマスの夜。
ある人が人生に限界を感じ、もう死にたいと泣きながら眠りについた。
すると、さまざまな人と話をする夢を見た。

「聞いてください。
私は倒産しました。恋人も失いました。
選挙に8回も落選しました」

「私もだよ。それがなにか？」

——エイブラハム・リンカーン（第16代アメリカ大統領）

「聞いてください。

私は言語障害です。入試に3度も落ちました。

選挙に2回も落選しました」

「私もだよ。それがなにか？」

——ウィンストン・チャーチル（イギリス元首相）

「聞いてください。

私は知能が低いと言われました。仕事を2度もクビになりました。

ある研究で1万回も失敗しました」

「私もだよ。それがなにか？」

——トーマス・エジソン（発明王）

「聞いてください。
私はなかなか言葉が話せず、
読み書きを覚えるのにも時間がかかり、
妄想癖があり、どこの学校にも入れてもらえませんでした」
「私もだよ。それがなにか？」
――アルバート・アインシュタイン（20世紀最大の天才）

「聞いてください。
私はお店も、資産も失いました。
息子も亡くしました。
新しい仕事の売り込みは1000人以上の人に断られました」
「私もだよ。それがなにか？」
――カーネル・サンダース（伝説の起業家）

「聞いてください。

私は7回も事業に失敗しました。

5回も破産しています」

「私もだよ。それがなにか？」

——ヘンリー・フォード（自動車王）

「聞いてください。
私は想像力が乏しく、
アイデアにセンスがないと会社を解雇されました。
何度も破産を繰り返しています」
「私もだよ。それがなにか？」
——ウォルト・ディズニー（アニメの神様）

その人は夢のなかで、7人の偉大なる凡人に出会った。
彼らから、どんなことにも傷つかない心と、あきらめない勇気をもらった。
成功するまで、何度失敗しても尽きることのない情熱をもらった。

その人のハートは、窓の外の雪をすべて溶かしてしまうほど熱くなっていた。
人生に限界はない。失敗を恐れてはいけない。
成功は、偉大なる失敗の連続から生まれる結果だから。
情熱を持って、偉大なる失敗を繰り返せる凡人が、世界を変える。
メリークリスマス!

「7人のサンタクロース」より

本書を選んだあなたは、これからもたくさんチャレンジするでしょう。
高い目標であればあるほど、期待と不安が押し寄せます。
私も、いつも不安です。胃が痛い思いをしています。

期待や不安は、自分に対してするものです。

「あなたの達成に、私、すごく不安だわ!」という会話は、あまりありませんよね?

だから喜んでください。

その時点で、あなたの人生はあなたのものになっています。


期待や不安は、未来にするものです。恐れは過去、不安は未来です。

「期待よりも不安のほうが多いんです」

私が昔よく言っていた口癖です。

本当は、期待より不安のほうが大きいということはありません。

期待と不安は、必ず同じサイズなのです。

もし不安のほうに焦点が当たるなら、あなたの相談相手が過去の自分だからです。

未来に目を向けるコツは、あなたの先をすでに経験しているメンターを決めることです。


そもそも、不安を感じるのは、喜ばしいことです。

だって、それはあなたが本気であることの証拠だからです。

私たちは、どうでもいいことには不安を感じません。

受験にしても、本命校は不安だけど、滑り止めはリラックスしていませんでしたか？

あなたの心が折れかけているということは、それだけ本気で向き合っている証拠です。


不安のブレーキを外し、期待のアクセル全開で、少し壊れてみませんか？

不安は悪いものではありません。

成功者は不安がないのではなく、不安を学びか笑いかネタか、そのほかの何かに変えている、柔軟な人というだけなのです。


さて、そろそろ本書もお別れの時間です。

最後までお付き合いくださり、ありがとうございました。


私はメンタルの鬼ですが、これからもくじけ続けると思います。

そんなあるがままの自分を愛して、少しだけまわりに与えながら、これからも生きていこうと思います。

本書を読んで、不屈のメンタルを手に入れたあなたにも、より困難と失敗が多き人生が訪れますように。そして、それをどのように乗り越えたかを笑って話しながら、一緒にお酒でも飲みましょう。

権藤優希

【主な参考文献】

『心。』稲盛和夫 著（サンマーク出版）
『年収1億円になる人の習慣』山下誠司 著（ダイヤモンド社）
『〝気づく〟ことが人生の成功を〝築く〟』松田友一 著（ギャップ・ジャパン）
『地道力』國分利治 著（PHP研究所）
『労働2・0』中田敦彦 著（PHP研究所）
『働き方の損益分岐点』木暮太一 著（講談社）
『情熱思考』是久昌信 著（中経出版）
『劇場化社会』櫻井秀勲 著（きずな出版）
『誰も君のことなんて気にしていない。』神田勘太朗 著（きずな出版）
『セカンドID』小橋賢児 著（きずな出版）
『言いなりの人生は〝いますぐ〟やめなさい。』岡崎かつひろ 著（きずな出版）

心を強くする28のコツ

1 「人間関係の悩みがなくなる日は来ない」と知る

2 ミスすらも可愛がる

3 メンタルの弱かった過去なんか忘れる

4 自ら積極的に心を折りにいく

5 居心地の悪いステージに進む

6 心が折れやすい人の5つの特徴を知る

7 心が折れにくい人の5つの特徴を知る

8 理想の1日を、毎朝書き出す

9 理想の1日を軸として、それを守って行動する

10 「暇になったときにやることリスト」をメモして持っておく

11 チャイム効果、読書、スキップ、映画を使う

12 1日に45件のアポイントを入れてみる

13 実現可能で幸福な未来図を描く

14 深刻にならず、切り替えのスピードを上げる

著者プロフィール

権藤優希（ごんどう・ゆうき）

株式会社シーマネジメント代表取締役。東京都内でオーガニックショップ、レンタルスペースの運営、人材派遣事業、講演会・ビジネストレーニング事業などを多岐にわたって展開する。福岡県久留米市生まれ。大学卒業後、日本電気株式会社(NEC)に入社。新人最速で大型案件を受注し、注目を集める。NECにおいてさまざまな賞を獲得した後、4年目に独立。起業後はNEC時代のノウハウを活かし、営業の事業において、半年間で業界内世界第2位の記録をつくる。自身の経験をもとにおこなわれる講演会は大人気で、20～30代の若者を中心に、300人規模の講演会を月に4～5回開催している。最近では、自身が手掛けるオンラインサロンも注目を浴びている起業家。

著書に『自分で決める。』（きずな出版）がある。

心が強い人のシンプルな法則
―ゼロから立ち上がれる人は、何をしているのか

2019年10月1日　第1刷発行

著　者　　　権藤優希

発行人　　　櫻井秀勲
発行所　　　きずな出版
東京都新宿区白銀町1-13　〒162-0816
電話03-3260-0391　振替00160-2-633551
http://www.kizuna-pub.jp/

ブックデザイン　池上幸一
印刷・製本　　モリモト印刷

ISBN978-4-86663-088-5

きずな出版